W0219818

Andreas Laun

GOTT LIEBT AUCH DIE TIERE

Tiergeschichten eines Bischofs

Be&Be
www.bebeverlag.at

Andreas Laun

GOTT LIEBT AUCH DIE TIERE

Tiergeschichten eines Bischofs

Be&Be-Verlag: Heiligenkreuz 2019
ISBN 978-3-903118-75-1

Das Werk einschließlich aller seiner Teile ist urheberrechtlich geschützt. Jede Verwertung außerhalb der engen Grenzen des Urheberrechtsgesetzes ist ohne Zustimmung des Verlages unzulässig und strafbar. Das gilt insbesondere für die Vervielfältigung, Übersetzung, Mikroverfilmung und die Einspeicherung und Verarbeitung in elektronischen Systemen.

Alle Rechte vorbehalten. Printed in EU 2019.

Layout: Augsten Grafik

Coverfoto: shutterstock.com/Andreina Nunez

Be&Be

© Be&Be-Verlag Heiligenkreuz im Wienerwald
Direkter Vertrieb:
Klosterladen Stift Heiligenkreuz
A-2532 Heiligenkreuz im Wienerwald
Tel. +43-2258-8703-400
E-Mail: bestellung@klosterladen-heiligenkreuz.at
www.klosterladen-heiligenkreuz.at

Andreas Laun

GOTT LIEBT AUCH DIE TIERE

Tiergeschichten eines Bischofs

Be&Be
www.bebeverlag.at

Inhalt

MONTY ROBERTS

Über den Tiergarten

Tiere haben mich immer interessiert. Einmal bekam ich, als noch kleines Kind, zu Weihnachten, vom Christkind natürlich, einen Zoo aus Holz. Das war eine Art offene Baracke mit vielen „Zimmern“ für die Tiere. Diese waren aus Kunststoff. Löwen, Bären, Elefanten, Tiger, natürlich nicht alle Tiere, die es gibt, aber für mein Kinderherz die Wichtigsten. Viele Möglichkeiten zum Spielen hatte ich natürlich nicht, aber immerhin. Viel später, als ich schon mehr als einen echten Zoo gesehen hatte, entdeckte ich: Eigentlich taten mir die Tiere leid, eingesperrt in ihren Käfigen, fast so schlimm wie die angeketteten Kühe in den Ställen. Artgerechte Gehege oder Laufställe mit Ausgang ins Freie gab es noch lange nicht.

Heute sehe ich moderne Zoos wieder in einem positiven Licht. Sie dienen der Arterhaltung und fast ausgestorbene Tiere werden gezüchtet und ausgewildert, das heißt, wieder in ihren alten Lebensräumen frei gelassen.

Zum Beispiel die Pferdeantilopen, sehr kräftige Tiere mit säbelförmigen Hörnern, zählen zu den größten Antilopenarten in West-, Ost- und Südafrika. An sich sind sie nicht stark bedroht. Dennoch ist ihr Bestand in Kenia geschrumpft. Wie konnte es dazu kommen, dass in Kenia eine früher recht häufige Antilope auf rund 30 Tiere reduziert wurde? War es Wilderei? War es die Zerstörung der Lebensräume? War es irgendeine Erkrankung? Waren es Gifte? Wie auch immer: Man hat sie in Europa wieder gezüchtet und dann nach Afrika gebracht. Der frühere Zoodirektor Revers in Salzburg warnt: Tiertransporte nur wenn unbedingt nötig! Wenn die Tiere nach Kenia gebracht werden, muss einigermaßen sicher sein, dass man damit die Art in Kenia retten kann. Revers hat auch bei dem erfolgreichen Wiederansiedlungs-Projekt für Przewalski-Pferde in der Mongolei mitgewirkt.

Natürlich gibt es in einem Zoo auch Pannen, manche sind harmlos, manche tragisch. Im Salzburger Zoo ist einmal ein Gepard aus seinem Gehege ausgebrochen und durch den Besucherbereich spaziert. Das Weibchen konnte rasch wieder eingefangen werden, verletzt wurde niemand. Zwei Zoobesucher hatten das bis zum Bauch mit Schlamm bedeckte Gepardenweibchen entdeckt. Das

Tier spazierte auf einem Weg im Besucherbereich des Zoos ohne Aggression zu zeigen. Die Raubkatze wurde von Zoomitarbeitern rasch wieder eingefangen. Ohne jedes Hilfsmittel ist sie freiwillig in die Anlage zurückgekehrt. Einmal entkam auch ein Luchs und musste mit einer Falle wieder eingefangen werden. Am Sonntag war das Tier entkommen, weil der Strom am Zaun des Luchsgeheges ausgefallen war. Am vierten Tag seiner Flucht wurde der entlaufene Luchs wieder eingefangen. Der Luchs tappte auf dem Hellbrunner Berg gleich neben dem Zoo in eine Falle mit Rindfleisch als Köder. Unverletzt!

Gefährlicher war ein anderer Zwischenfall: Am 5. Juni 2012 rissen zwei weibliche Geparden aus, einer der beiden Geparde entkam sogar ein zweites Mal. Daraufhin wurde der Neubau der Geparden-Anlage vorverlegt und jetzt ist alles in Ordnung.

Es könnte auch anders sein: In dem berühmten, wunderschönen Tiergarten Schönbrunn in Wien gab es Unfälle, die schrecklich waren: Es war 2005: Beim Duschen der Elefanten griff ein Jungbulle den eigentlich vertrauten Pfleger an. Der Elefant drückte den Zoowärter, mit seinem Gewicht von 1,6 Tonnen an die Wand und spießte ihn mit seinen Stoßzähnen auf. Der Mann starb in der Klinik. Warum das Tier aggressiv wurde, blieb unklar. Zoodirektor Harald Schwammer erklärte: „Der Elefant befand sich in der Trennungsphase vom Muttertier. Er benahm sich wie ein Halbstarker. Möglich sei aber auch, dass sich das Tier irgendwie erschreckt hatte.“

In dem Zoo gab es zuletzt 2002 einen tödlichen Angriff. Damals hatte eine Tierpflegerin eine Sicherheitstüre vergessen und aus Versehen offengelassen. Drei Jaguare griffen sie an und töteten sie durch einen Biss ins Genick. Der zufällig anwesende Direktor vertrieb die Katzen noch mit Hilfe eines Wasserschlauches, aber es war zu spät. Die Frau starb.

Die Beispiele zeigen, wie vorsichtig die Pfleger sein müssen. Sogar ein Rehbock kann sehr gefährlich werden, wenn er angreift und nicht aufhört mit seinen Hörnern zu stoßen, bis sich der Angegriffene nicht mehr bewegt, erklärte mir einmal ein Mann, der im Zoo arbeitet und um die Gefahren weiß.

Aber es gab sicher schon oft auch umgekehrte Unglücke, Unglücke der Tiere, die eine eigentlich grausame Tierhaltung verursachte: In meiner Kindheit gab es einmal die Sensation mit einem Elefanten, den irgendein Mann in der Nähe von Salzburg besaß und zeigte: das arme Tier hing an einer Kette. Wir bestaunten den Elefanten und gingen wieder nach Hause. Aber später erfuhr ich, wie elend der Elefant starb: Abgesehen von der absolut tierquälerischen Haltung: Die Kette war an einem Pfahl aus Eisen befestigt. Und niemand wusste, dass der Pfahl ganz in der Nähe eines Stromkabels in die Erde gerammt worden war. Da der Elefant an der Kette immer wieder anzog, kam es wie es kommen musste: Der Pfahl scheuerte am Kabel und eines Tages stand der arme Elefant sozusagen unter Strom und verendete elend. Ich weiß noch heute, dass mich dieser Tod tief erschütterte.

Aber Unglücke geschehen auch sonst im Leben. Wenn man aufpasst, sind Zoos, in denen Tiere artgerecht gehalten werden, ungefährlich und etwas Gutes: Menschen können viel lernen über Tiere, und Zoos können helfen zu verhindern, dass sie aussterben. Übrigens gibt es viele Geschichten oder Legenden von Mönchen und Heiligen, die verletzte oder gejagte Tiere schützten und pflegten.

Eine gute Idee und Tierliebe sind nicht genug, Man muss es auch richtigmachen: In Thailand gab es buddhistische Mönche, die mit fast 140 Tigern in einem Tempel lebten. Doch dann griff die Naturschutzbehörde ein und nahm die Tiere weg. Offenbar gab es schwere Probleme, wahrscheinlich auch Unglücke: Die Tiger wurden nicht artgerecht gehalten und ernährt und durch fragwürdige Methoden gefügig gemacht. Man warf der Tempelverwaltung außerdem illegalen Tierhandel vor und dass die Begegnungen von Touristen mit den Tieren lebensgefährlich seien. Es war eine umstrittene Touristenattraktion. Daher: Gegen den Widerstand der Tempelverwaltung transportierten Mitarbeiter der thailändischen Naturschutzbehörde zahlreiche Tiger ab. Im Laufe einer Woche sollten alle 137 Tiger aus dem buddhistischen Luangta-Maha-Bua-Tempel abgeholt worden sein, wie die Zeitung „The Nation“ (Thailand) berichtete. Die Tiere kamen in staatliche Zuchtprogramme verteilt auf drei Standorte.

In Afrika gibt es Stationen für solche Elefanten und auch Löwen, vor allem, wenn Wilderer sie verletzt oder die Muttertiere erschossen hatten. Oder aus anderen Gründen.

Bei uns ist es Brauch geworden, dass Menschen, vor allem auch prominente Persönlichkeiten für ein bestimmtes Tier eine Patenschaft übernehmen wie dies auch P. Karl Wallner vom Kloster Heiligenkreuz für einen Esel im Tiergarten von Schönbrunn in Wien getan hat. Dadurch soll der Erhalt des Tierparks unterstützt werden. Zusätzlich kann es helfen, Menschen zur Tierliebe hinzuführen.

Früher war es üblich, Tiere auch im Zirkus „auftreten“ zu lassen. Aber die Tierschützer begannen zu protestieren, nachdem mehr und mehr bekannt geworden war, wie grausam die Tiere dressiert wurden, Bären Löwen und andere Tiere. Einwandfrei ist es normalerweise nur, wenn Hunde oder Pferde zum Beispiel mit Kunstreitern auftreten.

Also: Tiergärten ja, Tiergefängnisse nein, Tiere, die wir bei uns halten sind willkommen, ja zu Zoos mit Tierliebe, begleitet von Vernunft und Wissen über das, was die Tiere in ihren Herkunftsländern und wo sie auch sein mögen, wirklich brauchen und darum auch bei uns bekommen.

© Florian Franz Feuchtner

Gott liebt auch die Tiere!

Lieber Leser, ich hoffe, Sie wenden sich nicht schon angesichts des Titels ab und schütteln den Kopf über „so einen Unsinn". Vorsicht, Sie geraten damit in Widerspruch zur heiligen Schrift. Das macht nichts? Sollte es aber!

Lieber Tierfreund, liebe Frauen, liebe Kinder, einfach alle, die Tiere lieben, kommen Sie mit mir und schauen wir uns gemeinsam an, was Gott gemacht hat, als er die Tiere schuf und denken wir darüber nach! Ein großer Freund der Tiere schrieb in seinem Buch über die „unbeweinte Kreatur", wie er es genannt hatte: „Mich selbst bewegt das Tier und vor allem der Fragekreis seiner Erlösung seit vielen Jahren."[1] Mich auch, füge ich hinzu und weil ich weiß, dass es vielen anderen Menschen auch so geht, habe ich jetzt dieses Buch geschrieben. Besonders in Gedanken an meine Hündin Pamina, von der ich mich schon vor Jahren verabschieden musste und der ich zurufen möchte: „Du gehst mir ab! Weißt du noch, wie ich dich in deinem Tierheim in Klosterneuburg besuchte und du dich für mich entschieden hast? Weil ich groß bin und du damals noch klein, ging ich in die Hocke. Mit einem Satz warst du auf meinem Schoß und hast mich stürmisch abgeschleckt. Ich war gekommen, um eine Entscheidung zu treffen, aber nicht ich, du hast sie getroffen und mir kaum Zeit gelassen, nachzudenken. Gott sei Dank, sage ich im Rückblick, denn es waren schöne Jahre mit dir. Heute noch, wenn ich eine Schäferhündin sehe, die dir ähnlichsieht, drehe ich den Kopf nach ihr um und bin in der Erinnerung einige Augenblicke wieder bei dir. Übrigens fühle ich mich bestätigt durch das, was vor Jahren der Journalist Günther Nenning in der Kronenzeitung geschrieben hat.

Günther Nenning, ein großer Tierfreund, der sich um der Erhaltung tierischen Lebensraumes willen, vor Jahren als Hirsch verkleidete, hat mir einmal in einer Zeitungs-Glosse den Ehrentitel „Tierbischof" verliehen, und so fühle ich mich ermächtigt und geradezu beauftragt, über dich, liebe Pamina und überhaupt über euch Tiere nachzudenken, über deine, nein unsere ganze Verwandtschaft

---

1 Joseph Bernhart, Die unbeweinte Kreatur, 2. Aufl., Weißenhorn 1987, 12.

also; nicht wie ein Zoologe, sondern als dein Freund, als Mensch und auch als Christ. Wie könnte ich vergessen, dass Gott in seiner Weisheit und Liebe auch dich erschaffen hat!

Das Buch hat weniger den Sinn, meine Leser zu belehren als vielmehr ihr Herz zu berühren. Eine kleine Geschichte von dem großen österreichisch-jüdischen Schriftsteller Joseph Roth kann das Gemeinte beleuchten:

Roth beobachtete und erzählt:[2] „Ein kleiner Affe sitzt in einem Schaufenster zur Straße hin in seinem Käfig, neben seinem Käfig ist ein anderer für kleine Vögel. Die Menschen haben eine große Liebe zu dem kleinen Affen. Während sie ihn betrachten, erfüllt ihre Augen jener unerklärliche Schimmer, der jedes Menschenauge verschönt, wenn es Kinder liebevoll betrachtet.

Der Affe greift immer wieder durch die Stäbe, die ihn von den Vögeln trennen und holt sich von deren Futter, das ihm besser zu schmecken scheint als das eigene. Da erreicht die Rührung der Zuschauer den Höhepunkt. Ihre Augen werden feucht und ihre Seelen weinen."

Wer weiß, vielleicht bestätigt ein Papst in Rom eines Tages mein „Tierbischof-Amt" oder schreibt selbst ein großes schönes Papier über euch Tiere. Er könnte es „Enzyklika über unsere lieben Mitgeschöpfe, die Tiere" nennen.

In seinem Lehreschreiben „Laudato si" war Papst Franziskus schon nahe dabei, denn da schrieb er viel über die Schöpfung, ihre Schönheit und ihre Erhaltung für uns alle. Die Katholiken und alle Menschen guten Willens würden es lesen und lernen, auch euch Tiere im Lichte Gottes zu sehen und zu lieben. Dass Gott die Tiere liebt, sagt er ausdrücklich: „Alle Menschen sind als Brüder und Schwestern gemeinsam auf einer wunderbaren Pilgerschaft, miteinander verflochten durch die Liebe, die Gott für jedes seiner Geschöpfe hegt und die uns auch in zärtlicher Liebe mit „Bruder Sonne", „Schwester Mond", „Bruder Fluss und Mutter Erde vereint!"[3]. Und da zitiert der Papst die berühmten Worte des heiligen Franziskus. Jedenfalls, ich würde mir wünschen, dass ein Papst einmal ausdrücklich über die Tiere schreibt, es wäre für euch Tiere gut.

---

2 Josef Roth, Werke, 813

3 Laudato si Nr. 92.

Tiere – geheimnisvolle Wesen

Wenn ich an meine Pamina denke, könnte ich so mit ihr reden: Weißt du eigentlich, was du warst? Natürlich warst und bleibst du „meine Pamina" und natürlich, die Antwort scheint einfach: meine Pamina war eine Hündin und also ein Tier. Aber die schwierige Frage kommt erst: Was ist eigentlich ein Tier? Jeder von uns kennt Tiere, von der Maus bis zur Giraffe, aber dennoch ist es so: Wir können schwer genau sagen, was ein Tier ist. Es ist ähnlich unmöglich zu definieren wie das, was Gemüse ist oder die Zeit, und doch gibt es sowohl Gemüse als auch die Zeit und wir wissen irgendwie, was sie sind.

Wenn ich über „Gott und die Tiere" schreibe, fühle ich mich von der heiligen Schrift der Juden und Christen voll bestätigt:

„Herr, du hilfst Menschen und Tieren. Gott wie köstlich ist deine Huld" heißt es in den Psalmen[4]. Und ganz am Anfang der Bibel gibt Gott selbst dem Menschen den Auftrag, sich den Tieren zuzuwenden: „Gott, der Herr, formte aus dem Ackerboden alle Tiere des Feldes und alle Vögel des Himmels und führte sie dem Menschen zu, um zu sehen, wie er sie benennen würde. Und wie der Mensch jedes lebendige Wesen benannte, so sollte es heißen."[5] Ist das nicht Grund genug, sich auch als Bischof mit den Tieren zu beschäftigen? Es fällt auch auf: Gott schuf im biblischen Bericht zuerst die Tiere, dann erst den Menschen.

Wenn man eine Antwort geben will, muss man sich zuerst überlegen: Was ist die Frage, was sind die Fragen, die sich angesichts der Tiere, wie sie eben sind, wie von selbst ergeben, die Fragen, die die Menschen, die Kinder, vor allem aber auch die Erwachsenen gerne stellen.

Für mich ergeben sich daraus die Abschnitte in diesem Buch, das ich unseren geliebten Tieren (und auch den weniger geliebten) widme und vor allem den Kindern, die die Tiere sehr oft besser verstehen als viele Erwachsene.

---

4 Ps 36.
5 Gen 2,19.

Wir hörten schon, Gott gab dem Menschen den Auftrag, die Tiere zu benennen. Dann fährt der Text fort: „Und wie der Mensch jedes lebendige Wesen benannte, so sollte es heißen. Der Mensch gab Namen allem Vieh, den Vögeln des Himmels und allen Tieren des Feldes. Aber eine Hilfe, die dem Menschen entsprach, fand er nicht.“[6] Tiere waren seine ersten Gefährten und Freunde, aber sie waren nicht genug für ihn. Immerhin, Adam war beschäftigt und abgelenkt und er tröstete sich über seine Einsamkeit soweit als möglich mit den Tieren, indem er sie sich genau anschaute und sicher staunte, wie wir, wenn wir in manchen Filmen Tiere. Dabei sollte man zuerst über die Schönheit staunen. Joseph Roth tut das so: Er betrachtet die kleinen Augen von Vögeln und schreibt: „Unschuldiger als dieses kleine Auge, ist nichts in der Welt. Es ist einfach nur der Vollkommenheit wegen da und als Beweis für die aufmerksame göttliche Vollkommenheit.“[7]

Da war Adam beschäftigt und abgelenkt. Aber er tröstete sich mit den Tieren, indem er sie anschaute, sicher staunte, wie wir, wenn wir in manchen Filmen Tiere und ihre oft wirklich wunderbaren Fähigkeiten sehen. Beispiel gefällig? Die Kaiserpinguine haben eine Technik, sich in der Antarktis so zusammenzustellen, dass sie nicht erfrieren. Anderes Beispiel: Ein Geier kann aus großer Höhe einen Knochen so fallen lassen, dass er genau den Stein trifft, auf dem er zerbrechen und damit das Mark freigeben soll, dass der Vogel fressen will. Und in dieser Zeit des Alleinseins mit den Tieren gab Adam ihnen Namen! Das heißt nicht, dass er dem Löwen Dinge einzureden versuchte, wie eines Schafes Gras zu fressen, statt sich zu benehmen wie ein Löwe, wie Gott ihn erschaffen hat. Auch wenn Menschen den Löwen, Tiger und andere Raubtiere grausam nennen! Nein, ein Löwe darf ein Löwe sein, ein Hai-Fisch ein Hai-Fisch und ein Adler ein Adler. Das war auch im Paradies so.

Der heilige Augustinus hat schon darüber nachgedacht und dann gesagt: „Wenn es nicht gut wäre, dass es auch das Böse (das Grausame im Tierreich) gibt, so würde sein Vorhandensein keineswegs vom Allmächtigen Gott, der gut ist, zugelassen werden.“ So haben auch Thomas von Aquin und Andere gedacht.[8] Aber wir wissen nicht, wie den Tieren, die Qual erlitten haben, Gerechtigkeit widerfahren wird.[9]

---

6 Gen 2,19-21.

7 J. Roth, Werke Band 1, 814.

8 Zitiert nach J. Bernhart, Die unbeweinte Kreatur, 213.

9 J. Bernhart, Die unbeweinte Kreatur, 228.

Irgendwie waren die Tiere für Adam, der unter seiner Einsamkeit litt, wohl auch ein kleiner Trost, aber eben nicht genug. Denn ein Mensch braucht andere Menschen, nicht nur Tiere, auch wenn ihm ein Tier manchmal auch viel Freude schenken kann.

Es gibt in der Bibel auch noch den geheimnisvollen, aber schönen Satz: „Und alle Geschöpfe im Himmel und auf der Erde, unter der Erde und auf dem Meer, alles, was in der Welt ist, hörte ich sprechen: Ihm, der auf dem Thron sitzt, und dem Lamm gebühren Lob und Ehre und Herrlichkeit und Kraft in alle Ewigkeit.[10]" Ähnlich der Psalm, den Johannes Paul II. zitierte:[11] Auch der Psalmist preist die Herrschaft des Menschen als Zeichen der vom Schöpfer empfangenen Herrlichkeit und Ehre: „Du hast ihn als Herrscher eingesetzt über das Werk deiner Hände, hast ihm alles zu Füßen gelegt: All die Schafe, Ziegen und Rinder und auch die wilden Tiere, die Vögel des Himmels und die Fische im Meer, alles, was auf den Pfaden der Meere dahinzieht"[12]

Leider können wir Tiere nur wenig verstehen – so, wie ich meine Hündin und sie mich „verstehen" konnte. Wissenschaftler wie Werner Gitt und Karl-Heinz Vanheiden, die sehr viel über Tiere und ihre Verständigung untereinander wissen, geben schon im Titel ihres Buches zu: „Wenn Tiere reden könnten"[13], aber sie können es eben nicht wirklich! Auch in der Bibel ist klar: Wir Menschen haben manche Ähnlichkeiten mit Tieren, aber wir sind keine Tiere, sondern durch unsere Seele etwas Anderes. Wir Menschen sind nach dem Willen Gottes Herrscher über die Tiere. „Über die Tiere" heißt hier auch für die Tiere, für unser und für ihr Wohl, nicht zu ihrer Ausbeutung!

Auch ich könnte nicht ihre „Sprache", die der Tiere, lernen wie das Dr. Doolittle in einem Märchenbuch (welches auch verfilmt wurde) „konnte", das sich ein Engländer[14] ausgedacht hat. Das Buch erzählt zum Beispiel von einer uralten Schildkröte, die der Verfasser Ledergesicht nannte, die mit Doolittle reden konnte. Sie, diese Schildkröte, hätte nämlich schon die Sintflut erlebt und könnte

10 Offb, 5,13.
11 Johannes Paul II., in Evangelum vitae 42.
12 Ps 8,7-9.
13 Werner Gitt, Wenn Tiere reden könnten. Bielefeld, 17 Auflage 2013. Verlag christliche Literatur-Verbreitung. Oder: Mario Ludwig. Gut gebrüllt! Die Sprache der Tiere. Darmstadt 2017.
14 Hugh Lofting hieß er!

daher erzählen, wie das gewesen sei! Übrigens gibt es auch im deutschsprachigen Märchenbuch der Brüder Grimm das Märchen von der weißen Schlange mit einer ganz ähnlichen Idee: von der Schlange bekommt der König die Fähigkeit, die Tiere zu verstehen und mit ihnen reden zu können. Auch im Dschungelbuch hat Mogli, der von Wölfen adoptiert und erzogen wurde, die Sprache vieler Tiere des Dschungels gelernt und verstanden.

Schön wäre es, wenn es diese Schlange oder Schildkröte wirklich gäbe, aber leider gibt es sie nicht, und die „Sprachen" der Tiere können wir nicht wirklich lernen wie Spanisch oder Chinesisch. Wir wissen nur: Manche Tiere können sich untereinander verständigen auch durch Töne (z. B. Walfische), Düfte (z. B. Löwen) oder Bewegungen (z. B. Bienen). Aber das, was es da zwischen Tieren gibt, ist etwas ganz anderes als die Sprachen der Menschen. Tiere verstehen wir Menschen nur insofern, als wir Menschen herausfinden und dann wissen können, was der Schrei eines bestimmten Vogels bedeutet oder der warnende Pfeifton eines Murmeltieres oder was es heißt, wenn der Hund bellt, knurrt oder nur winselt. Und umgekehrt, lernen Tiere verstehen, was Menschen wollen und tun: Der frühere Tiergartendirektor von Salzburg Dr. Revers erzählte mir, wie die Geier, die man angelockt hatte, um sie zu markieren, ein nächstes Mal nicht mehr kamen, wenn sich auch nur das Auto des Mannes näherte, der ihnen das „angetan" hatte. Aber wir wissen nicht, wie sich die Geier-Kolonie verständigt hatte! Ähnlich bei den Bienen, wenn eine Biene den anderen mitteilt, wo der beste Futterplatz in der Nähe liegt. Außerdem „sehen" und spüren wir, wenn sich ein Hund freut. Da genügt der Griff nach der Leine und der Hund springt voll Freude an die Türe, weil er versteht, dass jetzt der Spaziergang beginnt. Aber ich habe noch nie gehört, dass sich ein Krokodil erkennbar „freut", wenn es im Zoo gefüttert wird. Aber vielleicht stimmt das nicht ganz: Der Tierforscher Mario Ludwig erzählt von einem angeschossenen Krokodil, mit dem ein Mann, nachdem er es gesund gepflegt hatte, sich so gut angefreundet hatte, dass er mit ihm sogar schwimmen gehen konnte, ohne Angst und Risiko, gebissen zu werden![15] Tiere sind eben auch sehr unterschiedlich. Für uns nicht verständlich, ist es zu bemerken, wie Tiere etwas wahrnehmen, was sie eigentlich nicht wissen können: ein erst kommendes Ereignis, das Kommen eines Menschen, der noch weit weg ist, ein bevorstehendes Erdbeben oder dass jemand stirbt und anderes. Völlig unbegreiflich ist für uns die Geschichte von Vögeln, die die Eier

15 Vgl. Mario Ludwig, Gut gebrüllt. Die Sprache der Tiere. Darmstadt 2017, 70ff.

einer anderen Vogelart – Kuckuck -ausbrüten und die Jungen dann so füttern, als wären sie die richtigen Eltern für diese andere Vogelart. Das erzählt jedenfalls Joseph Bernhart.[16]

Dass sich Tiere aber freuen können, weiß jeder, der einen Hund hat oder hatte. Werner Hensellek, ein Freund von mir, beschrieb die Freude meines Hundes so, als er wieder einmal zu mir ins Kahlenbergerdorf zum Essen in der „Donaurast" kam. „Nehmen wir den Hund mit? frage ich pro forma. Mein Freund schreibt zu dieser meiner Frage: „Eine Frage, die keine ist. Wer jemals den Veitstanz dieses lieben Tiers erlebt hat, wenn der Griff des Herrls nach der Leine ein Gassi signalisiert, andererseits die jammervollen Sklavenaugen aus schiefgelegtem Kopf gesehen hat, wenn Pamina daheimbleiben muss, der kann, so er Mensch ist, nur mit „selbstverständlich" antworten. „Selbstverständlich" sagt Andreas und greift nach der Leine, und Pamina vollführt protokollarisch ihren Veitstanz, wobei sie immerzu gegen die Türe springt."

Können Tiere irgendwie auch Gott erkennen? Nein, und das ist eben so. Und doch kann man auch ein wenig mit Ja antworten, weil ja auch für uns Menschen Gott ein Geheimnis bleibt, obwohl Er auch bei uns wohnt und unter uns gelebt hat und lebt. Und unter den Tieren? Ja auch, als Jesus z. B. auf dem Esel geritten ist. Jack London beschreibt die tierische Gotteserkenntnis so: Sein Hund Wolfsblut empfindet die Macht der Menschen als „ungewöhnlich, unbegreiflich, übernatürlich und – gottähnlich." Dann fährt er fort: „Wolfsblut wusste natürlich nicht von Göttern. Er kannte nur das Unbegreifliche. Aber die Ehrfurcht, die er vor einem Menschen empfand, war in mancher Beziehung den Empfindungen vergleichbar, die ein Mensch haben würde, sähe er ein himmlisches Wesen von der Spitze eines Berges Blitze und Donner schleudern."[17] Man könnte behutsam auch sagen: Wenn Tiere Menschen sehen, die Gottes Ebenbild sind, nehmen sie ein wenig von Gott wahr! Aber es bleibt ein ganz großer Unterschied zur Gotteserkenntnis eines Menschen. Als Denkhilfe ein Vergleich: Der Hund erkennt auch die Frau seines Besitzers – aber sein Erkennen der Frau ist unvergleichbar mit der Erkenntnis ihres Mannes, also seines, des Hundes Herrn.

Aber wenden wir uns wieder den Unterschieden zwischen Mensch und Tier zu:

---

16 Joseph Bernhart, Die unbeweinte Kreatur,70.

17 London, Wolfsblut 85.

Es gibt kein Tier, das wirklich lacht. Lachen können nur Menschen. Und Gott, weil die Bibel sagt, dass Gott manchmal lacht, nämlich über Menschen, die glauben, sie könnten Ihn stürzen![18] Ich nehme an, da lachen auch die Engel mit und ich hoffe, dass Gott über uns manchmal schmunzelt. Aber das wäre ein anderes Thema und gehört nicht zu unserem Nachdenken über die Tiere, die eben nicht lachen können.

Dass Gott seine von Ihm erschaffenen Tiere liebt, davon waren die Christen immer überzeugt. Ein gescheiter Christ, Gregor von Nazianz, schrieb zum Beispiel: „Gott gibt gleichmäßig allen sein Licht. Die weite Erde, die Gewässer und die Wälder hat er allen irdischen Lebewesen zur Verfügung gestellt. Die Luft gab er den Vögeln, das Wasser den Wassertieren. Die wichtigsten Lebensmittel spendete er allen reichlich."

Na also! Außerdem erzählt die Bibel, wie Gott auch bei der Erschaffung der Welt und auch bei der Erschaffung der Tiere zufrieden „sah, dass es gut war"[19], gut was Er erschaffen hatte, nämlich auch die Tiere. Und Jesus sagt, dass Gott auch an die Vögel denkt[20], und in den Psalmen heißt es, dass Tiere Gott um ihr Futter bitten. Und Gott sieht auch die Not der Tiere, wenn z. B. ein Buschbrand alles zerstört hat.[8] Und weiter: „Wie brüllt das Vieh! Die Rinderherden irren umher, denn sie finden kein Futter; selbst die Schafherden leiden Not. Zu dir rufe ich, Herr; denn Feuer hat das Gras der Steppe gefressen, die Flammen haben alle Bäume der Felder verbrannt. Auch die wilden Tiere schreien lechzend zu dir; denn die Bäche sind vertrocknet, und Feuer hat das Gras der Steppe gefressen."

Aber, fragen viele Menschen, wie ist das mit Gott, liebt Er auch die Tiere wirklich? Erlaubt Gott auch uns, die Tiere zu lieben oder vielleicht nicht? Und wozu hat Er sie gemacht? Antwort: Gott hat die Tiere für uns gemacht, auch wenn wir das nur zum Teil verstehen. Aber dass wir gut und liebevoll zu Tieren sein dürfen und sollen, beweist eine Geschichte aus dem Leben Jesu: Ein Mann kritisiert Jesus, weil er eine verkrüppelte Frau am heiligen Sabbat geheilt hatte. Jesus antwortet scharf: „Ihr Heuchler! Bindet nicht jeder von euch am Sabbat seinen Ochsen oder Esel von der Krippe los und führt ihn zur Tränke?"[21] Ganz ähnlich

18 Ps 2.
19 Gen 1,21.
20 Lk 12,24.
21 Lk 13,15-16.

auch diese Stelle, bei der es auch um den Sabbat geht: Jesu Feinde fragen ihn: „Ist es am Sabbat erlaubt, zu heilen? Sie suchten nämlich einen Grund zur Anklage gegen ihn. Er antwortete: „Wer von euch wird, wenn ihm am Sabbat sein Schaf in eine Grube fällt, es nicht sofort wieder herausziehen. Und wieviel mehr ist ein Mensch wert als ein Schaf! Darum ist es am Sabbat erlaubt, Gutes zu tun."[22] Eindeutig: Dem Tier zu helfen, ist etwas Gutes! Und Jesus lädt uns auch ein, von den Vögeln zu lernen: „Seht euch die Vögel des Himmels an: „Sie säen nicht, sie ernten nicht und sammeln keine Vorräte in Scheunen; euer himmlischer Vater ernährt sie. Seid ihr nicht viel mehr wert als sie?"[23]

Aber dass Gott an die Tiere denkt und sie liebt, zeigt schon das Alte Testament: Am Sabbat, dem Ruhetag, will Gott, dass die Menschen nicht arbeiten, das ist eine heilige Pflicht! Und Gott meint dabei auch die Tiere, die sonst für die Menschen arbeiten, Sabbat-Ruhe auch für die Tiere: „Dein Rind, dein Esel, dein ganzes Vieh sollen ausruhen wie Du!"[24]

Überhaupt beschreibt die Bibel das Verhältnis der Tiere zu Gott sozusagen unbefangen: Sie werden wie die Menschen aufgefordert, Gott zu ehren, obwohl, genau bedacht, Tiere zu Gott nicht beten können wie Menschen es können und sollten. Aber, so heißt es dennoch im Buch –Daniel:

„Preist den Herrn, ihr Tiere des Meeres und alles, was sich regt im Wasser; lobt und rühmt ihn in Ewigkeit! Preist den Herrn, all ihr Vögel am Himmel; lobt und rühmt ihn in Ewigkeit! Preist den Herrn, all ihr Tiere, wilde und zahme; lobt und rühmt ihn in Ewigkeit!"[25]

Und ähnlich in den Psalmen: „Ihr wilden Tiere und alles Vieh, Kriechtiere und gefiederte Vögel, ihr Könige der Erde und alle Völker, ihr Fürsten und alle Richter auf Erden, ihr jungen Männer und auch ihr Mädchen, ihr Alten mit den Jungen! Loben sollen sie den Namen des Herrn; denn sein Name allein ist erhaben, seine Hoheit strahlt über Erde und Himmel."[26]

---

22 Mat 12,10-12
23 Mat 6,26
24 Deut 5,12-15.
25 Dan 3,79-82.
26 Ps 148,10-14.

Diesen Fragen und vielen anderen möchte ich mit Euch, kleinen oder großen Lesern, Jungen und Mädchen, nachgehen und sie, so gut ich kann, auch beantworten.

Gut ist es, wenn wir beginnen, über Tiere zu staunen:

„Drei Dinge sind mir unbegreiflich, vier vermag ich nicht zu fassen: den Weg des Adlers am Himmel, den Weg der Schlange über den Felsen, den Weg des Schiffes auf hoher See"[27] So steht es in der Bibel! Und auch:

„Vier sind die Kleinsten auf Erden und sind doch die Allerklügsten: Die Ameisen sind kein starkes Volk und besorgen sich doch im Sommer ihr Futter; Klippdachse sind ein Volk ohne Macht, und doch bauen sie ihre Wohnung im Fels; die Heuschrecken haben keinen König, und doch schwärmen sie alle geordnet aus; Eidechsen fängst du mit der Hand, und doch wohnen sie in Königspalästen. Drei sind es, die stolz einherschreiten, vier haben einen stolzen Gang: der Löwe, der Held unter den Tieren, der vor keinem umkehrt; der Hahn, der einherstolziert, und der Leitbock", und dann fährt der Text der Bibel eigentlich zum Lachen fort! „und der König, wenn er vor seinem Volk auftritt wie ein Gott."[28]

27 Spr 30,17f.
28 Spr 30,24-33.

Gott und Job – reden über Nilpferde, Krokodile und andere Tiere

Das ist wirklich eine Überraschung: Das folgende Gespräch steht in der Bibel. Gott verweist den Job auf viele Tiere, um ihn zu überzeugen. Und es gelingt sogar! Dabei redet Gott zuerst nicht von den bei Menschen besonders beliebten Tieren, sondern zuerst und hauptsächlich von gefährlichen Tieren, die die meisten Menschen außerdem für hässlich halten! Aber gerade sie sind es, die den Job überzeugen sollen von der Macht und Größe ihres Schöpfers. Lies und lass es auf dich wirken, wie es auf Job wirkte. Übrigens, ich habe vor einigen Jahren mit einem bekannten deutschen Bischof über diese Stelle in der Bibel gesprochen und er gab zu, sie nicht einmal zu kennen!

Gott beginnt: „Kennst du die Gesetze des Himmels, legst du auf die Erde seine Urkunde nieder? Erhebst du zu den Wolken deine Stimme, dass dich die Woge des Wassers bedeckt? Entsendest du die Blitze, dass sie eilen und dir sagen: Wir sind da?“ Und dann erinnert Gott an den Regen und zählt viele Tiere auf, spricht von ihrer Art und ihrem Leben: „Wer zählt in Weisheit die Wolken und die Schläuche des Himmels, wer schüttet sie aus, wenn der Erdboden hart wird, als sei er gegossen und Erdschollen zusammenkleben?“

„Da antwortete der Herr dem Job und sprach: Mit dem Allmächtigen will der Tadler rechten? Der Gott anklagt? Antworte drauf! Da antwortete Job dem Herrn und sprach: „Siehe, ich bin zu gering. Was kann ich dir erwidern? Ich lege meine Hand auf meinen Mund. Einmal habe ich geredet, ich tu es nicht wieder; ein zweites Mal, doch nun nicht mehr!“

Gott antwortet eigentlich mit Spott, in einer Art, dass dem Job wohl das Lachen und seine Selbstsicherheit ein wenig vergeht: „Da antwortete der Herr dem Job aus dem Wettersturm und sprach: „Auf, gürte deine Lenden wie ein Mann! Ich will dich fragen, du belehre mich! Willst du wirklich mein Recht zerbrechen, mich schuldig sprechen, damit du Recht behältst? Hast du denn einen Arm wie Gott, dröhnst du wie er mit Donnerstimme? So schmücke dich mit Hoheit und mit Majestät und kleide dich in Prunk und Pracht! Lass die Fluten deines

Zornes sich ergießen, schau an jeden Stolzen, demütige ihn! Schau an jeden Stolzen, zwing ihn nieder! Zertritt die Frevler auf der Stelle! Verbirg sie insgesamt im Staub, schließ sie leibhaftig im Erdinneren ein! Dann werde auch ich dich preisen, weil deine Rechte den Sieg dir verschaffte."

Und dann beginnt Gott ihn an Seine, Gottes besonders eindrucksvollen Geschöpfe, zu erinnern:

„Sieh doch das **Nilpferd**, das ich wie dich erschuf. Gras frisst es wie ein Rind. Sieh doch die Kraft in seinen Lenden und die Stärke in den Muskeln seines Leibes! Wie eine Zeder lässt es hängen seinen Schwanz; straff sind verflochten seiner Schenkel Sehnen. Seine Knochen sind Röhren von Erz, wie Eisenstangen sein Gebein. Es ist der Anfang der Wege Gottes; der es gemacht hat, gab ihm sein Schwert. Doch die Berge tragen ihm Futter zu, und alle Tiere des Feldes spielen dort. Es lagert unter Kreuzdornbüschen, in dem Versteck von Schilf und Sumpf. Kreuzdornbüsche decken es mit Schatten, die Pappeln am Fluss umgeben es. Schwillt auch der Fluss, es zittert nicht, bleibt ruhig, wenn auch die Flut ihm ins Maul dringt. Kann man an den Augen es fassen, mit Haken ihm die Nase durchbohren?"

Und dann kommt das nächste gewaltige Tier an die Reihe:

„Kannst du das **Krokodil** am Angelhaken ziehen, mit der Leine seine Zunge niederdrücken? Legst du ein Binsenseil ihm in die Nase, durchbohrst du mit einem Haken seine Backe? Fleht es dich groß um Gnade an? Richtet es zärtliche Worte an dich? Schließt es einen Pakt mit dir, so dass du es dauernd nehmen kannst zum Knecht? Kannst du mit ihm wie mit einem Vogel spielen, bindest du es für deine Mädchen an? Feilschen darum die Jagdgenossen, verteilen sie es stückweise unter die Händler? Kannst du seine Haut mit Spießen spicken, mit einer Fischharpune seinen Kopf? Leg nur einmal deine Hand daran! Denk an den Kampf! Du tust es nie mehr. Sieh, das Hoffen darauf wird enttäuscht; sein bloßer Anblick bringt zu Fall. So kühn ist keiner, es zu reizen; wer könnte ihm wohl trotzen? Wer begegnete ihm und bliebe heil? Unter dem ganzen Himmel gibt es so einen nicht. Ich will nicht schweigen von seinen Gliedern, wie groß und mächtig, wie wohlgeschaffen es ist. Wer öffnet die Hülle seines Kleides, wer dringt in seinen Doppelpanzer ein? Wer öffnet die Tore seines Mauls? Rings um seine Zähne lagert Schrecken. Reihen von Schilden sind sein Rücken, verschlossen mit Siegel aus Kieselstein. Einer reiht sich an den andern, kein

Lufthauch dringt zwischen ihnen durch. Fest haftet jeder an dem andern, sie sind verklammert, lösen sich nicht. Stärke wohnt in seinem Nacken, vor ihm her hüpft bange Furcht. Straff liegt seines Wanstes Fleisch, wie angegossen, unbewegt. Sein Herz ist fest wie Stein, fest wie der untere Mühlstein. Erhebt es sich, erschrecken selbst die Starken; vor Schrecken wissen sie nicht aus noch ein. Trifft man es, kein Schwert hält stand, nicht Lanze noch Geschoß und Pfeil. Eisen achtet es wie Stroh, Bronze wie morsch gewordenes Holz. Kein Bogenpfeil wird es verjagen, in Stoppeln verwandeln sich ihm die Steine der Schleuder. Wie Stoppeln dünkt ihm die Keule, es lacht nur über Schwertergerassel. Sein Unteres sind Scherbenspitzen; ein Dreschbrett breitet es über den Schlamm. Die Tiefe lässt es brodeln wie den Kessel, macht das Meer zu einem Salbentopf. Es hinterlässt eine leuchtende Spur; man meint, die Flut sei Greisenhaar. Auf Erden gibt es seinesgleichen nicht, dazu geschaffen, um sich nie zu fürchten. Alles Hohe blickt es an; König ist es über alle stolzen Tiere."

Und viele andere Tiere werden aufgezählt:

Wer verlieh dem Ibis Weisheit oder wer gab Einsicht dem Hahn? Erjagst du Beute für die Löwin, stillst du den Hunger der jungen Löwen, wenn sie sich ducken in den Verstecken, im Dickicht auf der Lauer liegen? Wer bereitet dem Raben seine Nahrung, wenn seine Jungen schreien zu Gott und umherirren ohne Futter? Kennst du der Steinböcke Wurfzeit, überwachst du das Werfen der Hirsche? Zählst du die Monde, die tragend sie füllen, kennst du die Zeit ihres Wurfs? Sie kauern sich, werfen ihre Jungen, werden los ihre Wehen. Ihre Jungen erstarken, wachsen im Freien, laufen hinaus und kehren nicht zu ihnen zurück. Wer hat das Maultier freigelassen, des Wildesels Fesseln, wer schloss sie auf? Ich gab ihm zur Behausung die Steppe, zu seiner Wohnung die salzige Trift. Er verlacht das Lärmen der Stadt, hört nicht des Treibers Geschrei. Die Berge sucht er nach Weide ab, jeglichem Grün spürt er nach. Wird dir der Wildstier dienen wollen, bleibt er an deiner Krippe zur Nacht? Hältst du am Seil ihn in der Furche, pflügt er die Täler hinter dir her? Traust du ihm, weil er so stark ist? Überlässt du ihm deine Arbeit? Glaubst du ihm, dass er wiederkommt und deine Saat auf die Tenne bringt? Lustig schlägt die Straußenhenne die Flügel. Sind ihre Schwingen darum so wie die des Storches und Falken? Nein, sie gibt der Erde ihre Eier preis, lässt sie erwärmen im Sand, vergisst, dass sie ein Fuß zerdrücken, das Wild des Feldes sie zertreten kann; sie behandelt ihre Jungen hart wie Fremde; war umsonst ihre Mühe, es erschreckt sie nicht. Denn Gott ließ sie Weisheit vergessen, gab ihr an Verstand keinen Teil. Im Augenblick aber, wenn sie hochschnellt, verlacht sie das Ross und seinen Reiter. Gabst du dem Ross die Heldenstärke, kleidest du mit einer Mähne seinen Hals? Lässt du, wie Heuschrecken, es springen? Furchtbar ist sein stolzes Wiehern. Es scharrt im Tal und freut sich, zieht mit Macht dem Kampf entgegen. Es spottet der Furcht und kennt keine Angst. Fliegt auf dein Geheiß der Adler so hoch und baut seinen Horst in der Höhe? Auf Felsen wohnt und nächtigt er, auf der Felsenzacke und an steiler Wand. Von dort erspäht er die Beute, seine Augen schauen ins Weite ...“[29]

Jetzt kommt eine schöne Antwort des Hiob: „Da antwortete Job dem Herrn und sprach: Ich hab' erkannt, dass du alles vermagst; kein Vorhaben ist dir verwehrt. Wer ist es, der ohne Einsicht den Rat verdunkelt? So habe ich denn im Unverstand geredet über Dinge, die zu wunderbar für mich und unbegreiflich sind. Hör doch, ich will nun reden, ich will dich fragen, du belehre mich!“[30]

---

29 Ijob 39,1ff.
30 Ijob 38,33 - 42,1.

Was sind eigentlich Tiere?

Du, lieber Leser, wirst überrascht sein. Ich schreibe über Tiere, muss aber zugeben: Ich weiß nicht, was Tiere eigentlich sind. Ich habe die Frage schon angesprochen und komme nochmals darauf zurück: Wir alle wissen, was wir meinen, wenn wir von Tieren reden, wir können so manches über die Tiere sagen, und doch bleiben sie unerkennbar. Tiere sind Lebewesen, die Gott erschaffen hat. Sie haben manche Ähnlichkeiten mit uns, haben auch eine Seele, aber sie sind nicht nur irgendwie zusammengeklebter „Lehm oder gar Maschinen aus Erde, wie einige Leute vor langer Zeit behauptet haben, sondern Tiere sind lebendige Wesen. Die Maschinen-Idee hat den Tieren viel Leid gebracht, weil man mit Maschinen machen kann, was man will. Das, was sie belebt und eben lebendig macht, nennen wir ihre Tierseele. Wir können nur sagen: Tiere haben eine Seele, eine Tierseele, nicht so, wie wir Menschen, doch sind Tiere eben auch lebendig und mit einer Tierseele ausgestattet. Und sie haben viel mit uns gemeinsam: Organe, wie wir, die zumindest ganz ähnlich funktionieren wie unsere.

In der heiligen Schrift heißt es: „Doch frag nur die Tiere, sie lehren es dich, die Vögel des Himmels, sie künden es dir. Rede zur Erde, sie wird dich lehren, die Fische des Meeres erzählen es dir. Wer wüsste nicht bei alledem, dass die Hand des Herrn dies gemacht hat? In seiner Hand ruht die Seele allen Lebens und jeden Menschenleibes Geist."[31] Hier redet die Heilige Schrift von der Seele der Tiere, unterscheidet sie aber sorgfältig vom Geist des Menschen!

Und doch, weil Gott auch mit unserem Verstand rechnet, heißt es einmal sogar: „Was die einzelnen Menschen angeht, dachte ich mir, dass Gott sie herausgegriffen hat und dass sie selbst erkennen müssen, dass sie eigentlich Tiere sind."[32]

Aber es heißt auch: Ist es nicht Gott, „der uns mehr lehrt als die Tiere der Erde und uns weiser macht als die Vögel des Himmels?"[33]

---

31 Ijob 12.7-10.
32 Weish 3,18.
33 Ijob 35:11.

Dabei wird man wohl auch sagen müssen: Die Tierseele eines Elefanten ist wohl anders als die einer Mücke, aber da wir weder die eine noch die andere „sehen" können, bleibt die Seele von Tieren geheimnisvoll.

Wenn wir dann auch noch daran denken, was Tiere können, geraten wir immer mehr ins Staunen:

Manche Tiere können fliegen wie es kein Flugzeug kann, Tiere bauen Nester oder Waben, die jedem Techniker höchste Ehre einbringen würden, Tiere wie Bienen, Termiten oder Ameisen organisieren in staunenswerter Weise ihr Leben und ihr Überleben – wir Menschen haben viel Mühe, herauszufinden, wie sie das machen und oft können wir nur sagen, „dass es so ist", aber wissen nicht, wie Tiere das oder jenes machen. Aber zugleich ist die einzelne Termite oder Ameise ganz abhängig von dem Haufen, in dem sie leben, wie beispielsweise die Bienen von ihrer „Königin", und nicht selbständig, wie der Mensch es sein kann in seinem Volk!

Tiere können sich untereinander Informationen weitergeben, wie über kommende Gefahren oder auch über Futterplätze. Spinnen produzieren Fäden, die ganz dünn und zugleich elastisch und tragend sind und damit können sie, technisch gesehen, großartige Netze bauen.

Ich erinnere mich, einmal an einem Fenster eine merkwürdige Kugel entdeckt zu haben. Als ich mich näherte und sie vorsichtig berührte, sah ich viele winzige Spinnen-Babys den hauchdünnen Spinnenfäden eines Netzes entlang weglaufen, nach einiger Zeit kamen sie zurück und kuschelten sich wieder zusammen und alles sah wieder aus wie eine Kugel!

Aber dennoch gilt es, bei aller Bewunderung der Leistungen von Tieren, den Unterschied zum Menschen nicht zu verwischen. Wir erweisen damit weder uns, noch den Tieren einen guten Dienst. Es gilt der kluge und wahre Satz: Es gibt staunenswerte Intelligenz in den Tieren, aber diese ist nicht Intelligenz der Tiere, sondern, wie gesagt, „in den Tieren". Und das unterscheidet auch Mensch und Tier. Wir Menschen haben auch eine solche Intelligenz in uns, die einfach da ist und wirkt, aber wir haben auch noch darüber hinaus eine Intelligenz, die wirklich unsere eigene ist! In uns ist die intelligente Steuerung unserer Organe, unsere Intelligenz zeigt sich im Denken und in unseren freien Entscheidungen.

In mancher Hinsicht sind wir Menschen nicht anders als die Tiere: Sie und wir sterben. In der Bibel wird das so beschrieben:

„Denn jeder Mensch unterliegt dem Geschick, und auch die Tiere unterliegen dem Geschick. Sie haben ein und dasselbe Geschick. Wie diese sterben, so sterben jene. Beide haben ein und denselben Atem. Einen Vorteil des Menschen gegenüber dem Tier gibt es da nicht. Beide sind Windhauch. Beide gehen an ein und denselben Ort. Beide sind aus Staub entstanden, beide kehren zu Staub zurück."[34]

Das ist auch die Formulierung, die die Kirche am Aschermittwoch jedem Menschen, der das Aschenkreuz empfängt, zuruft!

Und doch, das Sterben des Menschen ist trotz aller Ähnlichkeit etwas Anderes als das Sterben der Tiere. Auch in unserer Sprache unterscheiden wir: Ein Tier verendet, der Mensch stirbt. Vor allem: Das Schicksal des Menschen nach dem Tod ist - je nach seiner Entscheidung im Leben - die Gottesbegegnung mit dem Gericht dessen, der über das Leben jedes einzelnen Menschen richtet. Über das Schicksal der Tiere aber schweigt die Offenbarung. Man kann auch sagen: Was die Tiere sind und warum sie uns Gott als Gefährten gab, der heilige Franziskus würde sagen, als Brüder und Schwestern gegeben hat, werden wir erst in der Ewigkeit wirklich verstehen.

Noch eine gute Nachricht zum Ende dieses Abschnittes: Papst Johannes Paul II. lehrte, dass „die Tiere zwar eine andere Seele als wir Menschen, aber eben auch eine Seele haben, und wir Menschen für sie Liebe und Solidarität empfinden müssen." Er sagte ferner, dass alle Tiere „die Frucht des kreativen Handelns des Heiligen Geistes sind und Respekt verdienen" und dass auch sie „Gott nahe sind." Tierfreunde weltweit waren über solches Reden hocherfreut. Tiere besitzen den göttlichen Funken des Lebens, der die Seele ist - und sie sind daher keine so niederen Wesen, wie uns manche Leute glauben machen wollen, die Tiere für Profit und oft grausam ausbeuten.

Auch sein Nachfolger Benedikt XVI. hat ähnlich bewegend über die Ausbeutung aller Geschöpfe gesprochen, insbesondere bezüglich der so genannten Nutztiere. Als er 2002 in einem Interview zu den Rechten der Tiere befragt wurde, sagte er: „Das ist eine sehr ernste Frage. Jedenfalls sieht man, dass sie uns auch zur Hut gegeben sind, dass wir mit ihnen nicht beliebig umgehen dürfen. Auch Tiere sind Geschöpfe Gottes." Freilich, die Art von industrieller Verwendung, indem man Gänse so züchtet, dass sie eine möglichst große Leber haben, oder Hühner

34 Weish 3,19-20

so kaserniert, dass sie zu Karikaturen von Tieren werden, diese Degradierung der Lebendigen zur Ware scheint mir tatsächlich dem Zueinander von Mensch und Tier zu widersprechen, das durch die Bibel durchscheint."

Ein eigentlich gescheiter Mann, der aber an seinen eigenen Ideen in Hinblick auf euch Tiere erblindet ist, hat gemeint, Tiere sind im Grunde auch nichts anders als Maschinen. Du, Pamina, kannst dir denken, wie viele Tiere leiden mussten, weil sie von gefühllosen Menschen dementsprechend behandelt wurden. Wenn dieser Mann dich, Pamina, gekannt hätte, er hätte niemals so etwas Dummes sagen können! Du und eine Maschine, wenn es nicht zum Weinen wäre, wäre es zum Lachen. Er hätte dir ja nur in die Augen schauen müssen und dann hätte er sich geschämt. Was hattest du doch für wunderbare, braune Augen, die mich so aufmerksam anschauten, so sprechend, dass ich mich eigentlich gewundert habe, warum du nicht wirklich mit mir gesprochen hast? Max Scheler, noch ein Philosoph, aber für euch Tiere klüger als der andere, hat gesagt: „Wenn ein Hund redet, glaube ich eher, er ist ein verzauberter Prinz, als dass ich annehmen würde, dass ein Hund wirklich reden kann." Hoffentlich enttäusche ich dich nicht, wenn ich sage, dass er in diesem Punkt recht hatte, aber du hast keinen Grund, dich zu kränken. Warum soll sich ein Hund kränken, wenn er etwas nicht kann, was typisch menschlich ist? Menschen können dafür auch vieles nicht, was Tiere können. Und außerdem weißt du ja: ich habe schon bald gemerkt, dass du eigentlich eine Prinzessin bist. Du hättest ruhig reden können, der Herr Scheler hätte endlich gewusst, dass es verzauberte Prinzessinnen zwar nur selten, aber manchmal eben doch gibt – dich zum Beispiel. Na ja, die Bemerkung werden meine Leser hoffentlich nicht ganz ernst nehmen.

Andere Menschen lieben euch Tiere – aber sicher nicht alle so, wie ich dich geliebt habe! – Und manche behaupten in ihrer Begeisterung: Tiere sind wie Menschen. Das stimmt schon wieder nicht, und ihr Tiere habt das auch gar nicht nötig. Warum sollt ihr nicht sein dürfen, was ihr seid; Tiere eben, nicht mehr, aber auch nicht weniger! Leute, die euch zu irgendwie verkleideten Menschen umerklären wollen, meinen es gut, aber sie tun euch Tieren nicht wirklich etwas Gutes. Denn die meisten Menschen merken eben doch, dass das ein Unsinn ist, und nehmen dann euren Schutz nicht mehr ernst. Übertreibungen schaden immer. Außerdem, glaube ja nicht, dass Menschen so gut geschützt sind! Manchmal denke ich: Es wäre gut, wenn zum Beispiel ungeborene Kinder zu den Tieren gerechnet würden. Dann würde für sie das Tierschutz-Gesetz gelten und sie wären besser geschützt als bei den Gesetzen, die wir heute zum Menschenschutz gemacht haben. Nein,

nein, verteidigt nur euer Recht, ein Tier zu sein, und fordert, dass man euch als Tiere behandelt und schützt – artgerecht und nicht menschengerecht. Ihr seid ja Tiere, menschengerecht wäre nicht tiergerecht.

Hast du gewusst, dass es eine Religion gibt, die behauptet, Menschen würden zur Strafe für ihre Sünden als Tiere wiedergeboren werden? Findest du nicht auch, dass diese Idee euch Tiere diskriminiert? Warum sollt ihr eine „Strafe" sein? Gott hat bei eurer Erschaffung gesehen, dass Er euch gut gemacht hat. Er wollte aus euch kein Gefängnis für böse Schwiegermütter machen, die dann als Moskito oder gar als Hündin noch einmal auf die Welt kommen müssten. Es steht nicht dafür, darüber länger zu reden. Du merkst ohnehin, dass das nicht wahr ist. Was für eine abwegige Idee, dass es manchmal Tiere eigentlich nicht wirklich gibt, sondern sie wären nur die Hülle eines bösen Menschen. Ein Tier zu sein, wäre für manche Menschen eher eine Belohnung... aber lassen wir das Weiterdenken unsinniger Gedanken.

Tiere sind keine Maschinen und keine verzauberten Prinzen, die man aus Fröschen herausküssen könnte und auch keine wiedergeborene Großmutter. Aber was dann, was ist ein Tier wirklich? Große Denker haben gesagt: Tiere haben eine „Tierseele". Damit meinen sie: Tiere haben zwar keine Seele wie die Menschen, aber es gibt einen geheimnisvollen Funken des Lebens in euch Tieren, der euch zu Tieren macht, zu den wunderbaren Geschöpfen, die ihr eben seid.

Stell dir vor, der heilige Ignatius hat seinen Schülern sogar aufgetragen, im Schauen auf euch Tiere, zu entdecken, wie Gott in euch wohnt. Was sagst du jetzt? Ich werde dir später noch mehr von Gott erzählen und was Er sich gedacht hat, als Er euch schuf, aber nochmals zurück zu den Philosophen und der Tierseele. Über eure Seele wissen sie nicht mehr viel zu sagen außer einem, was doch sehr wichtig ist: Tiere, sagt Josef Seifert, sind ein „Vorspiel der Person" und haben auch eine gewisse Würde. Darum, kann man ruhig hinzufügen, weil es nämlich stimmt, sie haben auch gewisse Rechte. Also, noch einmal: Ihr, liebe Tiere, seid keine Menschen, sondern Tiere, und darum habt ihr eine Tierseele, eine Tierwürde und Tierrechte. Warum solltet ihr euch kränken, dass die Tierseele keine Menschenseele ist, die Tierwürde keine Menschenwürde und die Tierrechte keine Menschenrechte? Ich beschwöre euch, mir zu glauben: Es ist klüger, der zu sein, der man ist, und nicht sich selbst zu verleugnen, indem man sein will, was man nicht ist und nicht sein kann. Gott hat euch als Tiere geschaffen, so ist es gut, das hat Er selbst gesagt und mit Gott haben wir Menschen beste Erfahrungen gemacht; Er mit uns weniger gute, ihr könnt Ihm ruhig vertrauen.

© Florian Franz Feuchtner

Tiere, unsere „Verwandten“ im Urwald?

Affen, vor allem die sogenannten Menschenaffen, z. B. Orang-Utans, Gorillas, Schimpansen, haben äußerlich gesehen wirklich eine gewisse Ähnlichkeit mit Menschen, die Orang-Utans heißen übersetzt auch „Waldmenschen“. Dazu kommt, dass uns die Wissenschaft sagt, die „Bausteine“ des Lebens, der genetische Code von uns Menschen und mancher Affen unterscheidet sich nur geringfügig. Übrigens könnte man auch daran erinnern: Viele Organe von Tieren sind in ihrer Konstruktion und ihrer Funktion menschlichen Organen ähnlich: Herz, Lunge, Niere usw. Da ist manches so ähnlich, dass man manche Organe von Tieren auch als „Ersatzteile“ für kranke Menschen zu verwenden sucht – wenn es geht!

Man versteht, dass heute viele Menschen denken: „Wir sind mit den Affen verwandt, unsere Vorfahren waren vermutlich auch Affen, und diese sind also unsere Brüder und Schwestern, die noch im Urwald leben.“

Nur, so ist es trotzdem nicht. Niemand hat erlebt, dass Affen aus dem Wald kommen und sagen: „Grüß Gott, da sind wir jetzt!“ Oder dass sie bestimmte Leistungen erbringen können wie Menschen. So zu denken, kann man als naheliegend verstehen, es stimmt aber doch nicht.

Wer wirklich genau hinschaut, was ein Mensch ist und kann und was Tiere nicht sind und nicht können, versteht den Unterschied. Bei aller Ähnlichkeit und Gemeinsamkeit, bei aller Liebe zu den Tieren, zu einem Hund oder einer Katze oder einem Pferd, wir Menschen sind trotz allem ganz anders, eben Menschen und keine Tiere. Auch wenn es Intelligenz im Tier gibt, einen Verstand wie Menschen haben sie nicht. So konnte ich meinem Hund zum Beispiel unmöglich beibringen, dass sie die Blumen nicht zertreten sollte und dass die Berge und die Musik von Mozart schön sind.

Dazu möchte ich meinen Lesern eine Beobachtung erzählen, die mich sehr beeindruckt hat: Ich hatte eine Schäferhündin und ich sah ihr manchmal sozusagen tief in die Augen. Ich liebte ihre schönen, braunen und großen Augen. Eines

Tages aber, saß ein noch sehr kleines Kind von Freunden auf meinem Schoß und ich begann, dem Kind in die Augen zu schauen. Da wurde mir bewusst: So schön die Augen meines Hundes, übrigens auch die einer Kuh oder anderer Tiere sind und sein mögen, selbst ein noch ganz kleines Kind schaut dich anders an als ein Tier. Schon beim Kleinkind siehst du den Menschen und, so empfand ich es, seine Seele, wie das Kind mich erkennt und sich vielleicht fragt, wer ich sein könnte. So gesehen ist der Unterschied zwischen Tier und Mensch wirklich sichtbar. Tierseele hin oder her, das Tierauge ist verglichen mit dem Auge eines Menschen, leer, ist buchstäblich geistlos, das Menschenauge hingegen lässt die Person sichtbar werden, mit ihrer unsterblichen Seele. Achtung, das heißt nicht, dass Tiere dumm wären, aber ihre Intelligenz wirkt in ihnen wie ein Programm, das sie steuert. Sie können sich sozusagen nicht selbst verwalten oder das Programm öffnen, anklicken. Es ist so, wie auch in uns die Organe intelligent unser Leben erhalten, aber wir können nicht eingreifen wie wir die Bewegung unserer Hand steuern können.

Übrigens: Auch die Bibel unterscheidet ganz klar die Erschaffung der Tiere und die des Menschen. Da heißt es nämlich feierlich: „Dann sprach Gott: Lasst uns Menschen machen als unser Abbild, uns ähnlich." Nicht: Lasst uns noch ein anderes Tier machen. Sie, also seine Abbilder, „sollen herrschen über die Fische des Meeres, über die Vögel des Himmels, über das Vieh, über die ganze Erde und über alle Kriechtiere auf dem Land."[35]

Achtung: „Herrschaft" heißt hier nicht, dass die Menschen mit den Tieren machen können, was sie wollen! Und auch hier gibt es Unterschiede: Ein Moskito erschlagen ist etwas völlig anderes als einen Hirsch abschießen, vielleicht gar aus Lust am Töten!

Und dann gibt es auch noch mittlere Wege: Wenn ich im Zimmer eine Spinne entdecke, hole ich ein Glas, fange sie darin ein und werfe sie ins Freie, wo sie hingehört, aber töten muss ich sie nicht! Anders ist es wohl bei giftigen Spinnen, vor denen sich die Menschen zu Recht fürchten. Ein Freund erzählte mir, wie er in Südamerika beim Aufwachen etwas in seinem Gesicht spürte. Es war eine Vogelspinne, die auf seiner Wange saß, er erschlug sie und dann auch das Weibchen, das er unter seinem Bett suchte und fand, weil er wusste, dass diese Spinnen paarweise auftreten.

---

35 Gen 1,26.

Gott ist der Schöpfer der Tiere

Das Beste, wir fangen an nachzudenken, warum es Tiere überhaupt gibt. Denn sicher ist, das sagt uns die Wissenschaft mit absoluter Sicherheit: Es gab eine Zeit, da gab es auf der ganzen Erde keinen Menschen, kein Tier, nicht eine einzige lebende Zelle: Nichts Lebendiges!

Woher kamen die Tiere also, denn dass es sie heute gibt, braucht man nicht zu beweisen. Aber, woher kamen sie?

Heute meinen viele Menschen: Tiere sind irgendwie von selbst entstanden, durch Zufälle. Diese Meinung vertritt die sogenannte **Evolutionstheorie**, erfunden von Charles Darwin: Wer meint, dass es Gott nicht gibt, sieht natürlich auch, wie alle Menschen, dass es Tiere gibt, und wenn er erklären soll, woher sie gekommen sind, muss er sagen: Irgendwie, sind sie entstanden und er versucht eine Erklärung zu finden: Nicht von Gott, weil es ihn seiner Meinung nach nicht gibt, aber wie dann?

Ich sage am liebsten, ohne diese Leute zu verspotten: Aus nix wird nix, auch wenn wir Millionen Jahre am Rand eines Teiches warten könnten, kämen aus dem Teich keine anderen Tiere als die, die schon immer drinnen waren, als wir anfingen zu warten.

Sie, die Atheisten, müssen sich eine Erklärung für die Existenz der Tiere „basteln", weil es die Tiere ja wirklich gibt. Aber sie haben keine überzeugende Antwort. Der Darwin'sche Erklärungsversuch scheitert an der Wirklichkeit der Tierwelt, eigentlich schon an jedem Tierfilm, der sichtbar macht, wie unmöglich diese Deutung ist. Wie soll es z. B. von selbst geworden sein, dass eine Schildkröte schlüpft, tausende Kilometer durch das Meer schwimmt und dann genau den Ort ihrer Geburt wiederfindet – durch Zufall?

Wir werden nochmals auf diese Behauptungen zu sprechen kommen.

Zuerst aber erzähle ich euch jetzt die Antwort der Bibel, von Gottes Schöpfung. Aber ich sage gleich: Auch bei dieser Antwort bleiben für uns Menschen viele Fragen offen und wir finden keine Erklärung, mit der wir auch Atheisten überzeugen könnten. Wir haben ja keine Filmaufnahmen, wie auf der Erde irgendwie und irgendwo plötzlich Tiere lebten und da waren! Jetzt lasse ich zuerst einmal einfach die Bibel selbst erzählen:

Gott schuf die Tiere in Seiner Allmacht aus dem Nichts! So steht es jedenfalls in der Bibel, dem Buch von und über Gott und eben auch über die Tiere und alles andere, vor allem auch über uns Menschen! Es ist gut, diese Antwort wieder einmal zu lesen. Hoffentlich habt ihr sie schon einmal gelesen! Jetzt lade ich euch ein, über diese Antwort ruhig und geduldig nachzudenken und dabei nicht zu meinen, alles müsste klar sein und leicht zu verstehen. Geheimnisvoll ist und bleibt es auf jeden Fall, wie die Tiere in und auf die Welt kamen.

In der Bibel wird zuerst erzählt, wie Gott das Land, das Meer, Sonne und Mond und dann auch die Pflanzen erschuf. Dann sprach Gott:

„Das Wasser wimmle von lebendigen Wesen, und Vögel sollen über dem Land am Himmelsgewölbe dahinfliegen. Gott schuf alle Arten von großen Seetieren und anderen Lebewesen, von denen das Wasser wimmelt, und alle Arten von gefiederten Vögeln. Gott sah, dass es gut war. Gott segnete sie und sprach: Seid fruchtbar, und vermehrt euch, und bevölkert das Wasser im Meer, und die Vögel sollen sich auf dem Land vermehren. Es wurde Abend, und es wurde Morgen: fünfter Tag."

„Dann sprach Gott: Das Land bringe alle Arten von lebendigen Wesen hervor, von Vieh, von Kriechtieren und von Tieren des Feldes. So geschah es. Gott machte alle Arten von Tieren des Feldes, alle Arten von Vieh und alle Arten von Kriechtieren auf dem Erdboden. Gott sah, dass es gut war."[36]

Das ist das wichtigste Wort: Gott sah, dass es gut war, was Er gemacht hatte. Die nächsten Zeilen der Bibel erzählen uns die Erschaffung der Menschen, auch da kommen die Tiere wieder vor, und zwar so:

„Dann sprach Gott: Lasst uns Menschen machen als unser Abbild, uns ähnlich. Sie sollen herrschen über die Fische des Meeres, über die Vögel des Himmels, über das Vieh, über die ganze Erde und über alle Kriechtiere auf dem Land. Gott schuf also den Menschen als sein Abbild; als Abbild Gottes schuf er ihn. Als Mann und Frau schuf er sie. Gott segnete sie, und Gott sprach zu ihnen:

36 Gen 1,25

Seid fruchtbar, und vermehrt euch, bevölkert die Erde, unterwerft sie euch, und herrscht über die Fische des Meeres, über die Vögel des Himmels und über alle Tiere, die sich auf dem Land regen. Dann sprach Gott: Hiermit übergebe ich euch alle Pflanzen auf der ganzen Erde, die Samen tragen, und alle Bäume mit samenhaltigen Früchten. Euch sollen sie zur Nahrung dienen.

Allen Tieren des Feldes, allen Vögeln des Himmels und allem, was sich auf der Erde regt, was Lebensatem in sich hat, gebe ich alle grünen Pflanzen zur Nahrung. So geschah es.

Gott sah alles an, was er gemacht hatte: Es war sehr gut. Es wurde Abend, und es wurde Morgen: der sechste Tag."[37]

In den Psalmen heißt es einmal: „Du lässt die Quellen hervorsprudeln in den Tälern, sie eilen zwischen den Bergen dahin. Allen Tieren des Feldes spenden sie Trank, die Wildesel stillen ihren Durst daraus. An den Ufern wohnen die Vögel des Himmels, aus den Zweigen erklingt ihr Gesang. Du tränkst die Berge aus deinen Kammern, aus deinen Wolken wird die Erde satt. Du lässt Gras wachsen für das Vieh, auch Pflanzen für den Menschen."[38]

So ist klargeworden: Gott wollte die Tiere und wollte die Menschen, aber die Menschen sind anders, sie sind keine Tiere, trotz Gemeinsamkeiten mit den Tieren sind sie kein Tier unter anderen Tieren, aber sie haben eine Aufgabe für die Tiere. Gott hat sowohl die Menschen als auch die Tiere geschaffen, verschieden und doch mit Ähnlichkeiten. Seit Darwin seine Behauptung aufgestellt hat, haben ihm die Einen geglaubt, viele andere haben genau nachgedacht und dann entdeckt: Die Theorie ist unmöglich und das kann man auch beweisen. Der Arzt und Naturwissenschaftler Gosberth Weth hat ein ganzes Buch geschrieben um zu zeigen: „Das Evolutions-Dogma ist wissenschaftlich widerlegt".[39]

---

37 Gen 1,26ff.
38 Ps 104ff.
39 G. Weth., 2. Aufl Bad Kissingen, 2016.

© Florian Franz Feuchtner

Gott liebt die Tiere

Dass Gott mit Wohlwollen auch an die Tiere denkt, zeigt der Prophet Joel, wenn Er gleichsam die Tiere anspricht und ihnen Mut macht: „Fürchtet euch nicht, ihr Tiere auf dem Feld! Denn das Gras in der Steppe wird wieder grün, der Baum trägt seine Frucht, Feigenbaum und Weinstock bringen ihren Ertrag.[40]

Besonders rührend ist es zu lesen, wie der König von Ninive Menschen und Tiere aufruft, von ihren bösen Taten abzulassen, und Gott zu bitten: Alle, Menschen und Tiere „sollen laut zu Gott rufen, und jeder soll umkehren und sich von seinen bösen Taten abwenden und von dem Unrecht, das an seinen Händen klebt. Wer weiß, vielleicht reut es Gott wieder, und er lässt ab von seinem glühenden Zorn, so dass wir nicht zugrunde gehen."[41] Und das denkt auch Gott, denn am Ende sagt Gott selbst, dass er Mitleid hat mit den vielen Menschen und auch den vielen Tieren in der Stadt![42] Sie haben sich ja bekehrt und Gott will sie darum nicht zugrunde gehen lassen. Sie waren böse, sind es aber jetzt nicht mehr.

Jack London erzählt von seinem Hund Wolfsblut, der lange Zeit durch die grausame Behandlung eines früheren Besitzers ganz scharf und „böse" geworden war, dann aber durch einen anderen Besitzer, der ihn gut behandelte, ein sanfter und „guter" Hund wurde.[43] Solche Veränderungen kann es auch bei Menschen geben.

Dass Tiere eigentlich nicht böse sein können, wie es Menschen oft sind, ist klar und bleibt klar. Ihnen fehlen die Erkenntnis des Gewissens und die Freiheit, die wir Menschen haben. Aber wir verstehen natürlich, was die Geschichte uns sagen will. Sicher nicht, dass es „moralisch böse" Tiere gibt, die sich bekehren müssen wie wir Menschen, wenn wir gesündigt haben.

Sondern: Gott sorgt auch für die Tiere, sie haben fast ein Recht auf Nahrung und Beute! „Die hohen Berge gehören dem Steinbock, dem Klippdachs bieten die Felsen Zuflucht. Du hast den Mond gemacht als Maß für die Zeiten, die Sonne

---

40 Joel 2,22.
41 Jona 3,8-9.
42 Jona 4,11.
43 Vgl. J. London, Wolfsblut. 4. Aufl. Linz, 2017, S.188.

weiß, wann sie untergeht. Du sendest Finsternis, und es wird Nacht, dann regen sich alle Tiere des Waldes. Die jungen Löwen brüllen nach Beute, sie verlangen von Gott ihre Nahrung."[44]

Und dann sagt die Bibel ganz überraschend und eigentlich zum Lachen: „Da ist das Meer, so groß und weit, darin ein Gewimmel ohne Zahl: kleine und große Tiere. Dort ziehen die Schiffe dahin, auch der Leviathan, den du geformt hast, um mit ihm zu spielen."[45] Obwohl wir gar nicht wissen, welches Tier mit diesem Wort wirklich gemeint sein könnte. Aber dass Gott sich ein Tier zum Spielen gemacht haben könnte, ist eine unerwartete, aber nette Idee, auch wenn sie nicht ganz ernst zu nehmen ist.

Jesus war mit Tieren in der Wüste: „Danach trieb der Geist Jesus in die Wüste. Dort blieb Jesus vierzig Tage lang und wurde vom Satan in Versuchung geführt. Er lebte bei den wilden Tieren, und die Engel dienten ihm."[46] Markus erklärt diesen Satz nicht. Aber man kann denken: Jesus besiegt in der Wüste den Satan, eine Folge ist, dass die Tiere ihm dienen, wie es in der guten Schöpfung vor der Sünde vorgesehen war.

Nicht vergessen sollten wir auch den Fisch, der den Propheten Jona verschluckt und erst dort wieder ausspuckte, wo er endlich tun konnte, was Gott von ihm wollte. Über die Frage, ob es diesen Fisch wirklich gab oder es nur eine schöne, aber erfundene Geschichte ist, bedarf keiner Diskussion. Der Fisch passt aber gut in die sinnvolle Geschichte hinein: Gott greift ein, rettet Jona und lässt ihn seinen Plan zu einem guten Ende bringen.[47]

Die Bibel rühmt Tiere, weil sie Gott wichtig sind, und nicht nur die Menschen. So heißt es: „Die wilden Tiere werden mich preisen, die Schakale und Strauße, denn ich lasse in der Steppe Wasser fließen und Ströme in der Wüste, um mein Volk, mein erwähltes, zu tränken. Das Volk, das ich mir erschaffen habe, wird meinen Ruhm verkünden.[48]

---

44 Ps 104,18-21.
45 Ps 104,25-26.
46 Mk 11, 1.
47 Jona 2,1.
48 Jes 43.20-21.

Jesus hat ja auch manche Geschichten nur erfunden oder aus dem AT übernommen, nochmals nacherzählt und damit die Zuhörer belehrt. Die Anschaulichkeit macht die Geschichten leicht verstehbar! Darum erzählt Jesus z. B. von Schafen und Wölfen.[49]

49 Joh 10,10.

© Florian Franz Feuchtner

Tierliebe

Ja, es gibt Menschen, die Tiere nicht mögen, wenigstens bestimmte Tiere nicht. Es gibt wohl niemanden, der Stechmücken und giftige Spinnen besonders liebt. Vielleicht sagt ein Forscher: „Doch, ich schon", aber das sagt er wohl nur, weil diese Tiere sein Forschungsthema sind, aber nicht, wenn sie ihn beißen oder stechen.

In Afrika sagte ich einmal in einem Vortrag vor einigen Schwarzen, man könne auch Tiere lieben. Dabei dachte ich besonders an meinen Hund. Da lachte eine Frau und meinte, das könne man nicht, Tiere seien nur zum Essen da! Natürlich widersprach ich ihr.

Aber natürlich ist und bleibt wahr, dass es Gründe gibt, Menschen zu lieben, die für Tiere nicht gelten. Jesus hat uns sogar aufgetragen, unsere Feinde zu lieben und Er hat angenommen, dass wir verstehen, warum und wie wir das tun sollen. Über Tierliebe und Tierschutz sprach Jesus nicht wie von Geboten. Aber es gibt Stellen im Neuen Testament, aus denen sich eine Tierliebe Jesu sehr wohl ableiten lässt: Zum Beispiel, wenn Jesus als selbstverständlich voraussetzt, dass man einem Tier in Not auch am heiligen Festtag zu Hilfe kommt.[50]

Ich gehe in diesem Buch davon aus, dass die meisten Menschen Tiere mögen oder sogar lieben, und das nicht nur als Schnitzel oder gebratene Forelle am Teller! Viele lieben ihre Haustiere: das Meerschweinchen im Zimmer ihrer Kinder, den Hund, der ihnen die Einsamkeit mildert und die Fledermäuse unter dem Dach, weil sie in der Dämmerung ihr bewundernswertes Können zeigen und dabei die Mücken ein wenig reduzieren.

Manche Menschen lieben Tiere vor allem, weil sie von ihnen Nutzen haben, als Reittiere, Lastenträger oder einfach zum Verkaufen ihrer Zuchterfolge.

Aber es gibt auch noch andere Gründe.

Ein Grund ist: Ähnlich den Menschen seufzt auch die Schöpfung unter ihm, also das Tier, nach Erlösung. Darüber reden wir noch. Der deutsche Mystiker Meister Eckhart sagte: „Alle Kreatur hat ein Eilen zu Gott hinauf." Übertrieben? Paulus

---

50 Mt 12, 11.

hat in seiner Glaubenshoffnung auch die Tiere einbegriffen in den großen Zug der Geschichte nach dem Reiche Gottes.[51] Paulus sagt: „Denn wir wissen, dass die gesamte Schöpfung bis zum heutigen Tag seufzt und in Geburtswehen liegt."[52] Aber sollte der Mensch das Seufzen der Tiere ganz überhören? Und Bernhart stellt die Frage: „Wer soll sich nicht freuen, wenn das lautere, liebende Herz des Menschen hinabreicht zu den Vorläufern des Menschen, die als seine Mitgeschöpfe neben ihm leben und leiden bis heute, die so wie er als Mensch, sie als Tiere gründen im ewigen Geist und Plan des Schöpfers"? Kann man nicht hoffen, dass auch die Gesetze der Staaten mehr und mehr dem Tier gegenüber menschlicher werden?"[53] Bezüglich der Tiere heißt es in der Bibel: „Gott sah alles an, was er gemacht hatte: Es war sehr gut."[54]

Also, wenn Gott auch die Tiere gefallen haben und Er sie für gut findet – müssen sie doch etwas Wertvolles sein und nicht nur ein Haufen Dreck. Da gilt dann das Wort Gottes, das Er an Petrus richtete, als dieser das Essen von – im jüdischen Sinn – unreinen Tieren ablehnte: „Niemals, Herr! Noch nie habe ich etwas Unheiliges und Unreines gegessen. Da richtete sich die Stimme ein zweites Mal an ihn: Was Gott für rein erklärt, nenne du nicht unrein!"[55]

Außerdem gibt es eine Stelle in der Bibel, an der Gott selbst eine Art Liebeserklärung für die Tiere abgibt: Der Leser möge die Bibel zur Hand nehmen und die letzten Zeilen Geschichte des Propheten Jona lesen: Jona hofft, dass Gott Ninive vernichtet. Aber Gott kümmert sich liebevoll um seinen verhärteten Jona, indem er zu ihm sagt: „Jona, dir ist es leid um den Strauch, der Schatten gab, aber verdorrt war? Mir aber sollte es nicht leid sein um Ninive, die große Stadt, in der mehr als hundertzwanzigtausend Menschen leben, und außerdem so viel Vieh?"[56]

Also: Gott wäre es leid auch um die Tiere gewesen, die dabei gestorben wären! Ich denke, bei Naturkatastrophen, in denen Menschen sterben, auch an die Tiere: Gott tun auch die Tiere leid, die dabei umkommen. So sollten auch wir Menschen denken: An die Tiere und nicht nur den wirtschaftlichen Schaden, der entstehen mag? Zum Beispiel, wenn ein Bauernhof abbrennt und im Stall dabei auch Tiere

51 Bernhart, Die unbeweinte Kreatur, 150.
52 Röm 8,22.
53 Bernhart, Die unbeweinte Kreatur 150 ff.
54 Gen 1,31.
55 Apg 10,13.
56 Jona 4,11.

sterben? Oder eine Lawine den Stall verschüttet. Übrigens hat Gott auch Mitleid mit Tieren die überlastet werden von rücksichtslosen Menschen: Gott spricht: „Eine Last seid ihr, eine aufgebürdete Last für das ermüdete Vieh. Die Tiere krümmen sich und brechen zusammen, sie können die Lasten nicht retten; sie müssen selbst mit in die Gefangenschaft ziehen."[57] Es hat übrigens immer wieder Menschen gegeben, die der Anblick eines gequälten und geschlagenen Tieres tief erschüttert und verändert hat. Heute geht es auch vielen Menschen so, wenn sie Bilder im Fernsehen sehen, wie man Wale abschlachtet oder Seehunde metzelt oder Tiertransporte durchführt, verbunden mit viel Schmerzen für die Tiere.

Dieses Mitleid gilt auch für die Saurier, die es auf der Erde gab und jetzt schon lange ausgestorben sind, wobei die Wissenschaftler bis heute nicht mit letzter Sicherheit wissen, warum sie verschwunden sind! Aber wir sind immer noch neugierig und würden gerne, aus dem Ei eines Sauriers, wie wir es ja schon gefunden haben, wieder ein lebendiges Tier wachsen lassen! Aber ob es gelingt oder nicht: Auch diese Tiere waren eine Spur Gottes und sie waren nicht nur für unsere Neugierde da oder gar dazu, dass Menschen heute Gruselfilme mit ihnen machen können.

Tierliebe – ja: Wenn etwas die Spur Gottes an sich trägt, kann es uns Christen nicht gleichgültig sein, es kann und soll das Echo unseres Herzens finden! Gott ist dann das wesentliche Motiv auch der Tierliebe.

Große Theologen, also Menschen, die viel über Gott nachdenken, haben gesagt: Der Mensch ist ein Bild Gottes, die übrige Schöpfung ist eine Spur Gottes. Der große heilige Augustinus sagt dasselbe noch ein klein wenig anders: Er stellt sich vor, wie wenn er die Geschöpfe nach Gott fragen könnte, wie in einem Interview, und wie sie antworten würden, nämlich: „Wir sind nicht Gott. Darauf sagt Augustinus: Richtig, aber könnt ihr mir nicht etwas von Gott sagen? Und sie antworten: Ja, wir erzählen dir von ihm durch unsere Schönheit!" Augustinus hätte auch die wunderbaren Strukturen und Fähigkeiten von Tieren nennen können. Sie alle erzählen von Gott.

Also, wenn du das nächste Mal z.B. ein Pfauenauge siehst, einen Schmetterling, ein anderes schönes Tier oder auch eine Blume, obwohl sie kein Tier ist, denke daran: Auch diese Lebewesen, nicht nur die Priester in der Kirche oder deine

---

57 Jes 46,1-2.

Eltern reden von Gott, auch Tiere, Pflanzen, Kristalle, Berge und Seen „predigen" auf ihre Weise durch ihre Schönheit. Ich ergänze: Auch Tiere wie die Schwalbe durch die Eleganz ihres Fliegens.

Dazu passt noch die Erinnerung an ein Gespräch, das ich als kleiner Junge mit meiner liebsten Tante hatte. Ich erwähnte, dass mir Elefanten besonders gut gefallen. Sie meinte: Aber „Wozu brauchen wir eigentlich Elefanten?" Ich antwortete ihr schon damals, so klein ich noch war: „Abgesehen davon, dass sie bei manchen Völkern den Menschen helfen und sogar zu deren Überleben beitragen; Gott hat diese herrlichen Tiere erschaffen, sie sind auch Seine, also Gottes Spur, und Spuren können viel erzählen viel über den, der da vorüberging, also über ihren Schöpfer!"[58]

Nicht nur die Schönheit von Tieren, sondern auch die majestätische Kraft oder das Können von manchen Tieren reden von Gott!

Das sieht auch die Bibel so. Besonders deutlich und ganz direkt redet das Buch Hiob davon in einem Streitgespräch zwischen Hiob und Gott. Ich wiederhole, was wir schon gehört haben: Gott fordert Hiob auf, die ganze Schöpfung, besonders die vielen Tiere, die er geschaffen hat, anzuschauen. Raben, Löwen, Strauße, Falken, Stiere, und Pferde. Hiob gibt nach:

„Siehe, ich bin zu gering. Was kann ich dir erwidern? Ich lege meine Hand auf meinen Mund. Einmal habe ich geredet, ich tu es nicht wieder; ein zweites Mal, doch nun nicht mehr!" Von diesem Streitgespräch Hiobs mit Gott haben wir schon gehört.

Dazu passt auch die Erinnerung an die Tiere, mit denen Gott selbst verglichen wird: mit dem Löwen[59], mit einem Adler[60], der seine Jungen in Sicherheit bringt, aber, angesichts der Sünden vergleicht der Prophet Hosea Gott auch mit einer wütenden Bärin, der man die Jungen zu rauben versucht.[61] – was sich bekanntlich keine Tiermutter gefallen lässt.

---

58 Ijob 40,4-5.
59 Jes 31, 4.
60 Deut 32,11.
61 Sam 17,8.

Ich erinnere mich an einen Tierarzt, der sich nicht mehr getraute, den Raum auch nur zu betreten, in dem eine Kuvasz-Hündin mit ihren Jungen lag. Wenn er versuchte, die Tür zu öffnen, knurrte sie in einer Tonlage, dass der Arzt sofort zurückwich und nicht mehr genau wissen wollte, was dieses Knurren bedeuten könnte. Nur die Frau, der die Hündin gehörte, durfte sich noch nähern und sogar ein Junges berühren, sonst niemand mehr. Sie war es dann, die die Anweisungen des Arztes durch das offene Fenster hindurch hören konnte und dann befolgte.

Mutterliebe ist in Form von Verteidigung der Jungen fast bei allen Arten von Tieren vorhanden. Das kann man leicht beobachten, aber bitte vorsichtig: auch bei scheinbar harmlosen Tieren wie Kühen: Sogar der Bauer, der seine Kuh gut kennt, muss aufpassen, wenn die Kuh ein Kalb bei sich hat! Es hat schon tödliche Unfälle gegeben! Das kann man nebenbei auch im Dschungelbuch nachlesen.[62], wenn der Autor sagt, Kühe mit Kälbern waren sogar für den Tiger gefährlicher als Stiere, die keine Kälber zu schützen hatten. Bei den Raubtieren verteidigt nicht selten das Muttertier ihre Jungen gegen das Männchen, weil sogar der „Vater" für die Jungen gefährlich werden kann und sie sogar fressen würde, wenn die Löwin oder Tigerin oder Wölfin nicht aufpassen würden. Dass das auch bei Wölfen ein Thema ist, erzählt Jack London in seinem Buch „Wolfsblut"[63] wie die Mutterwölfin drohend knurrte, wenn der Vater ihrer Jungen den Kleinen zu nahe kam.

Aber natürlich auch umgekehrt gibt es eine innige Liebe der jungen Tiere zu ihrer Mutter. „Bevor sich noch seine Augen dem Licht öffneten, hatte der kleine Wolf versucht, durch Berührung, Geschmack und Geruch die Mutter zu erkennen. Die für ihn ein Born von Wärme, Nahrung und Zärtlichkeit war. Es tat ihm gut. Wenn ihn ihre sanfte Zunge liebkoste, wenn sie sein weiches Körperchen berührte und vor dem Einschlafen drückte er sich fest an sie."[64]

Dem entspricht auch, dass von vielen Heiligen eine besondere Beziehung zu Tieren berichtet wird. Vieles davon mag Legende sein, aber manche Berichte dürften ein Fundament in der Wirklichkeit gehabt haben.

---

62 Rudyard Kipling, Die Dschungelbücher. Hamburg 2016, S. 91.
63 Jack London, Wolfsblut. Linz 2017, 52.
64 Jack London, Wolfsblut. Linz 2017, 57.

Irrwege der Tierliebe

Aber es gibt auch Irrwege der Tierliebe: Wenn man das Tier vermenschlicht, kann ein Mensch blind für andere Menschen werden.

Manchmal sind Menschen den Tieren wie verfallen, wenn sie selbst ohne Glauben an den Menschen sind, ohne Hoffnung auf eine Überwelt. Man weiß, dass auch ein Mann wie Hitler Tierliebe zu haben schien, übrigens auch Göring, der sich kleine Löwen hielt, die er erst dem Zoo zurückgab, wenn sie für ihn selbst gefährlich wurden.

Harmloser, aber doch auch des Menschen unwürdig, sind jene Menschen, die Tiere schwärmerisch als Kindersatz behandeln, nachdem sie selber kein Kind wollten, oder wenn sie am Tier ihre Herrschsucht ausleben.

Aber es gibt noch einen anderen Grund, warum Menschen zum Tier, zur Natur fliehen: Die Tiere leben ohne warum und Fragen nach einem Sinn ihres Lebens. Tiere sind einig mit sich selbst, erinnern sich nicht an die Vergangenheit und haben keine Angst vor der Zukunft. Wenn der Mensch keine höhere Welt anerkennt, nimmt er nicht selten Zuflucht bei der Natur, weil er z. B. auch beim Tier zu finden meint, was ihm selbst fehlt. In unserer Zeit begegnet diese Verirrung in Form von einer Art Klima- und Naturreligion, die von Gott nichts weiß und auch nicht wissen will.

Aber in der Erwartung des Heils „von unten" (von der Tierwelt) liegt eine Sünde des Abfalls vom Sein und Sinn des Menschen. „Die Erwartung des Heils von der Natur, vom Tiere her, endet in einer lichtlos-tragischen Begegnung" mit dem Tier, das selbst Erlösung sucht![65] Solche Tierliebe, die im Tier stecken bleibt, wird weder dem Tier noch dem Menschen gerecht.[66] Es gab und gibt sie auch in den Religionen, in denen Tiere oder Figuren von Tieren verehrt werden oder wurden.

---

65 Bernhart, Die unbeweinte Kreatur, 156-157.
66 Bernhart, Die unbeweinte Kreatur, 163.

Die katholische Kirche über Tiere

Tiere sind Geschöpfe Gottes und unterstehen seiner Vorsehung.[67] Schon allein durch ihr Dasein preisen und verherrlichen sie Gott. Darum schulden auch die Menschen ihnen Wohlwollen. Erinnern wir uns, mit welchem Feingefühl die Heiligen, z. B. der heilige Franz von Assisi und der heilige Philipp Neri und andere, die Tiere behandelten.

Gott hat die Tiere unter die Herrschaft des Menschen gestellt, den er nach seinem Bild geschaffen hat. Somit darf man sich der Tiere zur Ernährung und zur Herstellung von Kleidern bedienen. Man darf sie zähmen, um sie dem Menschen bei der Arbeit und in der Freizeit dienstbar zu machen. Medizinische und wissenschaftliche Tierversuche sind in vernünftigen Grenzen sittlich zulässig, wenn sie dazu beitragen, menschliches Leben zu heilen und zu retten.

So sagt Papst Franziskus:[68] „Obschon der Mensch in die Pflanzen- und Tierwelt eingreifen und sich ihrer bedienen kann, wenn es für sein Leben notwendig ist, lehrt der *Katechismus*, dass Tierversuche nur dann legitim sind, „wenn sie in vernünftigen Grenzen bleiben und dazu beitragen, menschliches Leben zu heilen und zu retten.““[69] Er erinnert mit Nachdruck daran, dass die menschliche Macht Grenzen hat und mahnt in derselben Enzyklika: „Es widerspricht der Würde des Menschen, Tiere nutzlos leiden zu lassen und zu töten. Jede Nutzung und jedes Experiment „verlangt Ehrfurcht vor der Unversehrtheit der Schöpfung“.

Es widerspricht aber der Moral, Tiere nutzlos leiden zu lassen und zu töten. Auch ist es unwürdig, für sie Geld auszugeben, das in erster Linie menschliche Not lindern sollte. Man darf Tiere gernhaben, soll ihnen aber nicht die Liebe zuwenden, die einzig Menschen gebührt.

---

67 Katechismus Nr 2416 - 2418
68 Papst Franziskus, Laudato si, 108
69 Papst Franziskus, Laudato si, 106

© Florian Franz Feuchtner

Tiere als Wiedergeburt von Menschen?

Die Menschen fürchten den Tod, versuchen ihn zu verdrängen, hinauszuschieben oder weg zu erklären. Ein solcher Versuch ist auch die Idee, die Menschen würden in Gestalt eines Tieres nochmals geboren werden. Wenn man das glaubt, kann eine Kuh als schützenswert wie ein Mensch gelten, weil sie sozusagen „in Wirklichkeit" nicht nur eine Kuh ist, sondern vielleicht die verstorbene Großmutter, die nochmals geboren wurde. Und darum, so folgert man, sollte man sie lieben und gut behandeln. Ein Volk in Kamerun schützt seine Gorillas auf Grund des religiösen Glaubens, dass die Gorillas ihre Vorfahren sind.

Darauf gibt es eine einfache Antwort: Tierliebe heißt die Tiere lieben, wie sie sind, und nicht behaupten, das Tier wäre „in Wirklichkeit" etwas Anderes, als was es ist, eben ein verstorbener Mensch, der jetzt nochmals geboren worden ist. Zum Beispiel als die wiedergeborene Großmutter. Wir Christen denken anders: Das Tier darf Tier bleiben und als Tier verdient es eine angemessene Liebe. „Angemessene" Liebe heißt: Nicht übertreiben, ohne Aberglauben und doch echte Liebe und Achtung vor seiner Würde. Man sollte Tiere nehmen wie sie sind, als Tiere nämlich, und ihnen nicht die unerfüllbare Bedingung stellen, sie müssten ein verstorbener Freund oder Vorfahre zu sein, der jetzt zurückgekommen ist. Das ist Unsinn und hilft auch den Tieren nicht!

Wahr ist vielmehr: Auch die Tiere haben ihre eigene Würde, und auf diese sollten wir „antworten" mit unserer Liebe und auch mit der Bereitschaft, Tieren Schutz zu gewähren: gegen mutwilliges Töten, gegen unnötige Schmerzen, oder gar gegen Ausrotten ganzer Arten von Tieren.

Auch bei den Juden gibt es viele Stimmen, die die Tiere verteidigen. Etwa: Man sollte auch dem Esel eines Feindes helfen, wenn er überlastet ist. Oder; einem Mann, der seine Tiere nicht gut füttert, sollte man kein Pferd verkaufen, auch wenn er gut zahlen will. In einer Schrift erzählt man von Mose, er habe ein verirrtes kleines Schaf heimgetragen.[70] So, wie es Jesus in einem seiner Gleichnisse erzählte.

Wirklich ausrotten darf und soll der Mensch nur, wenn er kann, gefährliche Bazillen wie die Pest-Erreger oder etwa die Anopheles- Fliege, die die Malaria-Krankheit überträgt.

In einem Seiner Gleichnisse erzählt Jesus selbst von einer Tierliebe, die man unmöglich wörtlich nehmen kann: Ein Hirte, der für die Schafe im Kampf gegen Wölfe sein Leben opfert, wäre nicht bewundernswert, sondern ein Verrückter. Jesus wollte das natürlich nicht wörtlich verstanden wissen, sondern rechnete mit unserem Verstand. Und er verstand es als Gleichnis für sein eigenes Schicksal.

Darum ist auch die indische Geschichte von einem Mann, der sich von der Tigerin fressen lässt, damit sie nicht verhungert und ihre Jungen weiter ernähren kann, keine schöne Geschichte, sondern verrückt. Der Mensch soll sein Leben bewahren, Selbstmord verüben mit Hilfe eines Tigers und aus „guten Motiven“ ist und bleibt ein Selbstmord und wäre Sünde. Auch für Raubtiere und andere in Not geratene Tiere wird heute ohnehin viel getan: in Indien für Tiger, die irgendwie verletzt gefunden werden, in Afrika für Löwen und kleine Elefanten, deren Mutter vielleicht ein Wilderer erschossen hat.

In einem Gleichnis erzählt Jesus von wahrer Tierliebe: Der Hirte trägt sein verlorenes Schaf auf der Schulter nach Hause, was in der Wirklichkeit ziemlich anstrengend wäre, unter anderem deswegen, weil das Schaf wahrscheinlich strampelt und sich wehrt. Aber der Hirte hält durch, weil er das Schaf, wie alle seine Tiere, liebt.[71]

Eine andere Geschichte von der Liebe zu einem Schaf erzählt in der Bibel der Prophet Nathan in der Form eines Gleichnisses. Ob er eine solch ähnliche Geschichte erlebt hat, wissen wir nicht, es könnte aber sein. Nathan benützt sie, wahr oder erfunden, um das Gewissen des Königs David aufzuwecken, der schwere Schuld auf sich geladen hat, und die er weder vor sich selbst, noch vor anderen Menschen zugeben will.

---

70 Vgl. W. Hartinger, Das Tier. Fachverlag für Tierschutz in München. S. 9.

71 Lk 15,4.

Es ist die Geschichte von einem Schaf, das alle in der Familie heiß liebten wie ein Kind, bis es gestohlen und von dem Dieb geschlachtet wurde: Aber der Prophet wollte damit nicht eine berührende Tiergeschichte erzählen, sondern dem König David die Augen für seine eigene Schuld öffnen! Das gelang ihm auch. Denn David hatte einen braven Mann töten lassen, um dessen Frau heiraten zu können. Nathan erzählt ihm von einem reichen Mann der das geliebte Schaf eines armen Mannes stiehlt, um seine Gäste zu bewirten. Der König hört zu, ist wütend und fordert eine strenge Strafe. Darauf Nathan: Dieser Mann bist du selbst! Der König sieht jetzt ein, was er getan hat, tut Busse und erhält von Gott Vergebung seiner Sünde.

Evolution: sind Tiere „von selbst“ durch Zufall entstanden?

Wir haben die Frage schon kurz erwähnt, jetzt nochmals:

Wissenschaftlich absolut sicher ist: Es gab Zeiten, da gab es kein Lebewesen auf der Erde, weder Tier noch Mensch.

Ebenso sicher ist: Irgendwann gab es zuerst Tiere und dann auch Menschen.

Daraus entsteht die unvermeidbare Frage: Wie entstanden die Tiere, woher kamen sie, und wie entstand der Mensch, woher kam er?

An diesem Punkt des Nachdenkens beginnt der Streit. Seit vielen Jahren scheinen jene recht bekommen zu haben, die im Anschluss an Charles Darwin behaupten: Alle Tiere sind irgendwie „von selbst“ entstanden aus der Erde und dem Wasser. Und die Menschen stammen von den Affen ab. Man spricht von „Evolution“, was so viel heißt wie Entwicklung. Und logisch ist: Wer behauptet, dass es Gott nicht gibt und der Glaube an Gott den Schöpfer Unsinn sei, muss an eine Evolution „glauben“: Es muss sie doch geben, weil es die Tiere eben wirklich gibt.

Wissenschaftlich betrachtet hat die Theorie zwei Schwachpunkte: Erstens hat man eine solche Evolution eines neuen Tieres nie beobachten können und zweitens konnte man trotz vieler Versuche keine solche Evolution künstlich herbeiführen. Das aber wären die wissenschaftlichen Prinzipien: Empirische Beobachtung und Wiederholbarkeit. Auch fehlen die Knochenfunde, die es geben müsste: Knochen von „halbfertigen“ Tieren, die sich entwickelt hätten. Kein Mensch kann erklären, warum zu einer bestimmten Zeit der Erdgeschichte alle Tiere „da“ waren, wie das die Knochenfunde beweisen, die wir heute kennen.

Ein Einwand der Kritiker der Evolutions-Theorie lautet auch: Viele Organe müssten sofort existiert und voll funktioniert haben, weil ein Tier mit einem nur halbentwickeltem, aber lebenswichtigem Organ sofort wieder gestorben wäre, von der Fortpflanzung gar nicht zu reden.

Für solchen Evolutionsglauben gilt allerdings: Glauben heißt nicht wissen, denn es gibt keinen Zeugen – wie beim religiösen Glauben – und keinen anderen Beweis für die Evolution. Ehrlicher wäre es zu sagen: Wir wissen nicht, wie die Lebewesen auf die Erde gekommen sind. Wir wissen nur, dass es sie gibt oder gegeben hat.

Die Schwierigkeiten dieser Lehre sind groß: Warum können wir solche Entwicklungen weder beobachten noch künstlich mit unserer Technik nachmachen? Wenn wir die Tiere mit ihren zum Teil fantastischen Fähigkeiten genauer anschauen, sprengt die Vorstellung, dass solche Tiere „von selbst" entstanden sein sollen, jede noch so üppige Fantasie. Da brauchen wir zum Beispiel nur näher die Fledermäuse anschauen oder Schildkröten, die z. B. 10.000 Kilometer durch das Meer schwimmen und wieder zurückfinden zum Strand, an dem sie geschlüpft sind. Ja es genügt eine Stechmücke zu beobachten, die mit ihrem hauchdünnen Stachel die Haut durchsticht, dabei „weiß", wo sie Blut findet und dieses durch ihren Speichel am Gerinnen hindert, und schnell genug wegfliegt, wenn sie sich bedroht fühlt. Wie mir ein Techniker einmal voll Bewunderung sagte: „Bau einmal so etwas!"

Andere sagen: Nein, die Bibel lehrt doch klar: Gott hat alles geschaffen, auch die Pflanzen, auch die Tiere und auch die Menschen. Um eines Kompromisses willen sagen dann manche: Gott hat eben eine Erde so erschaffen, dass sich daraus lebende Wesen entwickeln können. Dann wäre allerdings immer noch zu fragen: Und wie war es nun wirklich, haben wir Gründe, das so zu denken?

Aber die Menschen die an der Schöpfung festhalten, haben auch ein Erklärungs-Problem: Soll Gott alle Tiere sozusagen „einzeln" geschaffen haben? Wenn es damals eine Kameraüberwachung des Erdballs gegeben hätte: Plötzlich da, dann dort drüben, und schließlich wieder vor meiner Nase hätte es ein neues Tier mit einem Weibchen gegeben, sodass nicht gleich wieder ausstirbt, was Gott erschaffen und auf der Erde ausgesetzt hätte?

Mir scheint, die Evolutionstheorie widerspricht der Vernunft, die Schöpfungserklärung in der zu anschaulichen und primitiven Form tut dies auf ihre Weise auch, und die Antwort ist:

Gott hat alles geschaffen, natürlich auch die Tiere und Menschen, aber wir wissen nicht, wie es war und wie wir uns den Tag vorstellen könnten, als das erste Mal Menschen auf der Erde waren und auch Tiere.

Es ist wissenschaftlich redlicher, das Nichtwissen zuzugeben als eine Theorie verteidigen, die man nur braucht, um den eigenen Atheismus besser verteidigen zu können.

Und zuletzt: Wenn Evolutions-Anhänger Atheisten sind und für sie unverrückbar feststeht, dass es keinen Gott gibt, stehen sie unter einem Denkzwang, der ihre Sachlichkeit bedroht: Da es einmal keine Lebewesen gab, später aber doch, müssten sie irgendwie von selbst aus der Materie entstanden sein und die Atheisten müssen das verteidigen, auch wenn es gute Gründe gibt zu denken: Das ist unmöglich, ich habe keine vernünftige Antwort auf die Frage nach dem Leben, aber besser Nichtwissen zugeben als Unmögliches behaupten.

Und stutzig machen sollte die Verteidiger der Evolutionstheorie der Umstand: Diese Theorie inspirierte die Nazis, aber auch die Kommunisten. Und andererseits bekennen berühmte Wissenschaftler wie J. Eccles: „Je weiter wir in der Wissenschaft vorankommen, umso mehr erkennen wir Gott."[72] Papst Benedikt XVI. sagte: „Wir sind nicht das zufällige und sinnlose Produkt der Evolution. Jeder von uns ist die Frucht eines Gedanken Gottes."[73]

---

72 Weth G., Evolutionsdogma 295.
73 Weth G., Evolutionsdogma 273.

Tiere als Symbole für Staaten

Bei allen Völkern gab und gibt es Tiere als Symbole für die Macht und Größe des Landes. Natürlich, Regenwürmer oder Ameisen wählte man dafür nie, in Europa waren die Wappentiere vor allem der Adler, der Bär und der Löwe. Die beliebten Eigenschaften dieser Tiere waren beim Adler die scharfen Augen und sein Überblick über das Land, den auch der König haben sollte und wollte, beim Löwen vor allem seine Kraft und auch Macht über andere Tiere und seine Schönheit. Österreich-Ungarn und seine Herrscher des Hauses Habsburg hatten als Wappen den Doppeladler.

Außerdem gab und gibt es bei vielen Völkern den Brauch gewisse Tiere als heilig zu verehren, die man manchmal auch feierlich begrub: Katzen, Falken, Kühe, Krokodile, Elefanten, Bären, sogar Ratten und viele andere. Götzen stellte man sich in manchen Zeiten als Tiermenschen vor.

Übrigens gibt es wie bei den Wappentieren, die Zuordnung von Tieren auch in der Bibel gemäß einer Vision des Propheten Ezechiel[74], der den Löwen, den Adler und den Stier nennt. Diese Tiere hat man später mit den Evangelisten Markus (Löwe), Lukas (Stier) Johannes (Adler) verbunden. Matthäus bekam nicht ein Tier, sondern den Menschen. Wie sich das entwickelte und wie man auf diese Zuordnungen kam, überlasse ich den Forschern.

74 Ez 1,10.

Tierschutz

Es mag sinnlos erscheinen, einen Löwen medizinisch zu behandeln um seiner abgebrochenen Zähne willen, wie man das am „Löwenfelsen" – ein Gehege in Südafrika - schon gemacht hat. Andere Beispiele lassen sich nennen, wie die Entfernung eines Nagels, den sich ein Nashorn im Zoo von Salzburg eingetreten hatte, und der sich nicht leicht und nicht ganz ohne Gefahr entfernen ließ, weil der Arzt das Nashorn dazu bringen musste, das kranke Bein zu heben und sich behandeln zu lassen. Dabei stand der Arzt zwischen einem Holzbalken und dem Nashorn. Eine kleine Bewegung des Tieres beim Herausziehen des Nagels hätte genügt, um ihn zu erdrücken. Es gelang ohne Zwischenfall, wie mir ein früherer Direktor des Salzburger Tiergartens erzählte.

Tierschutz um des Tieres willen sollte nicht von der Frage nach einem wirtschaftlichen Nutzen abhängig gemacht werden. Tiere schützen sollte man um der Tiere willen. Aber man darf dabei auch nicht verbieten die Frage zu stellen und zu beantworten, was mit dem Tiger oder Löwen geschieht, wenn sie groß geworden sind und für Menschen gefährlich werden. Bei uns in Europa diskutiert man ganz ähnlich über die Verbreitung der Wölfe und manchmal auch der Bären.

Aber es gibt auch Übertreibungen, die sehr oft mit Vermenschlichung der Tiere einhergeht, die auch den Tieren nicht nützt, sondern den Tierschutz eher in Misskredit bringt. Als ein Hund in Deutschland im Jahr 2018 seinen Herrn und dessen Frau tot biss, protestierten tausende Menschen gegen den Plan, den Hund einzuschläfern.

Tiere am Leben erhalten, damit sie nicht aussterben, ist eine vernünftige Zielsetzung, unvernünftig ist es aber, Tiere, auch Schweine und Rinder, in eine Art Altersheim für Tiere aufzunehmen und dies als moralisches Muss zu verteidigen.

Es gibt Menschen die es aus welchen Gründen auch immer ablehnen, Tiere zum Nutzen oder zur Sicherheit von Menschen zu töten. Dann dürfte man auch kein Fleisch essen.

Solche Menschen ernähren sich nur von Pflanzen. Man nennt sie Vegetarier und in der strengeren Form Veganer. Dass Menschen Tiere auch essen und benützen dürfen, steht immer wieder in der Bibel. Jesus selbst hat Fische gegessen und natürlich auch das Osterlamm, und Gott hat den Menschen nach ihrer Sünde Felle[75] gegeben, damit sie ihre Nacktheit zudecken und sich wärmen können.

Dem Apostel Petrus hat Gott sogar in einer Vision geradezu befohlen, zu schlachten und zu essen, und zwar auch Tiere, die Petrus gemäß der Tradition der Juden meinte, nicht essen zu dürfen.[76]

Man kann sagen: Gott hat die Tiere für uns Menschen erschaffen. Auch zu unserer Freude, wie etwa den Schmetterling, aber auch um uns zu helfen etwa mit Pferden, Hunden, Rindern und Elefanten.

Viele Fragen bleiben aber noch offen. Dazu nur drei:

Warum hat Gott auch die majestätischen, interessanten Saurier, erschaffen, von denen wir kaum mehr wissen, als dass es sie einmal gab? Über die Frage, warum sie ausgestorben sind, rätseln die Forscher: vielleicht durch gewaltige Vulkanausbrüche oder einen Meteoriten-Einschlag in Mexiko. Aber es bleibt die Frage: Warum hat Gott sie überhaupt erschaffen?

Warum erschuf Gott auch für uns tödliche Bakterien und andere Lebewesen, die uns bedrohen und Angst machen?

Gibt es auch Tiere, die in der Welt des Lebendigen keinerlei Bedeutung haben, nicht einmal als Futter für andere Tiere?

Wir wissen es nicht.

In der Bibel steht über die Tiere ganz Verschiedenes, Gutes und auch Anderes, auch, dass manche Tiere uns bedrohen und uns schaden können und das manchmal auch tun, weil und wenn Gott es will.

---

75 Gen 3,21.
76 Apg. 10,13.

Tiere im Dienst Gottes für die Menschen

Tiere im Dienst Gottes? Besonders schön ist in diesem Sinn die Geschichte von dem Propheten Jona, der von Gott einen Auftrag erhält, ihn aber nicht erfüllen will und darum vor Gott davonläuft. Dazu nimmt er sich sogar ein Schiff, mit dem er fliehen will, aber Gott lässt das Schiff durch einen Sturm in Not geraten. Die Matrosen bekommen Angst, weil Jona ihnen gestanden hatte, dass wahrscheinlich er schuld an dem Sturm ist, und da werfen sie Jona ins Meer. Aber Gott schickt einen Fisch, der Jona verschluckt und nach drei Tagen an der Küste ausspuckt und zwar dort, wo Jona weiter gehen soll dorthin, wohin Gott ihn schicken wollte – in die Stadt Ninive. Am Ende der Geschichte, die gut ausgeht, sagt Gott ausdrücklich: Ihm hätten nicht nur die Menschen in Ninive leidgetan, wenn sie zugrunde gegangen wären, sondern auch die vielen Tiere![77]

In einer anderen Geschichte sind es Raben, die dem erschöpften und hungrigen Propheten Elias Brot, Fische und Fleisch zum Essen bringen.[78]

In der Geschichte von der Sintflut[79] ist es eine Taube[80], die einen grünen Olivenzweig zur Arche bringt, damit Noah weiß, dass die Flut zu Ende geht, er und seine Familie mit den Tieren aussteigen und weiterleben können.

Gott bedient sich auch der Löwen, um zu zeigen, dass Er der Herr ist, stärker als ein mächtiger König oder Präsident, würde man heute sagen. Die Löwen fressen den Propheten Daniel trotz ihres Hungers nicht, weil Gott ihn beschützt, aber die Bösen fressen sie sofort, erzählt die Geschichte von Daniel in der Löwengrube.[81] Heute muss man die Geschichte allerdings mit kritischem Verstand lesen: Der König lässt nämlich nach der Rettung Daniels die Familien der Bösen den Löwen

---

77 Jon 4, 11.
78 1 Kön 17,2ff.
79 Gen 6,15 ff.
80 Gen 8, 11.
81 Dan 6, 14

vorwerfen und außerdem würden wir heute sagen: Es war eine äußerst grausame Form der Hinrichtung und außerdem wurden die Löwen alles andere als artgerecht gehalten!

Schön ist die Geschichte vom Esel des Bileam, wohl auch eine Legende. Schön, sinnvoll, aber nicht wörtlich zu nehmen! Auch in dieser Geschichte hat Bileam wie Jona einen Auftrag von Gott, will ihn aber nicht erfüllen und reitet auf seinem Esel in eine andere, von Gott nicht gewollte Richtung. Aber da stellt sich ein Engel ihm in den Weg, aber nicht Bileam, sondern der Esel ist es, der den Engel zuerst sieht, erkennt und stehen bleibt. Bileam schlägt den Esel. Dann aber sieht auch Bileam den Engel. Der Engel ermahnt ihn streng, weil er den Esel ungerecht geschlagen hat. Der Esel redet mit Bileam, dieser muss ihm rechtgeben und Bileam tut endlich, was Gott will und ihm durch den Engel sagt. [82]

Von den Eseln in der Bibel kann man noch erzählen: Vielleicht kam die hochschwangere Maria auf einem Esel reitend nach Bethlehem.

Josef, Maria und das Kind Jesus flohen mit einem Esel nach Ägypten und zwar aus Angst vor Herodes, der das Kind suchen ließ, um es zu töten.

Jesus ritt auf einer Eselin nach Jerusalem, das steht klar und eindeutig in der Bibel.[83]

Vom Esel an der Krippe wissen wir nichts aus der Bibel, ihn nennt nur der Prophet Jesaja[84] der den Menschen streng und treffend vor Augen hält, wie blind sie eigentlich sind: Ochs und Esel kennen ihren Herrn, ihr aber kennt ihn nicht! Eigentlich heißt das: Ihr seid dümmer als diese Tiere. Später haben Maler und Schnitzer wegen diesen Worten des Propheten, diese beiden Tiere „an die Krippe gestellt“! Das gefällt uns auch heute noch und manche stellen auch Elefanten oder Kamele dazu, weil die Sterndeuter, die zu „Dreikönig“ zur Krippe kamen, ja auf solchen Tieren geritten sein könnten. In der Bibel steht das aber nicht.

---

82 Num 22,22.
83 Joh 12,14
84 Jes 1,3.

Tiere als Hilfe für Menschen

Menschen haben gelernt, die Hilfe von Tieren anzunehmen und manche Tiere dafür abzurichten:

Elefanten mit ihrer Kraft für schwere Arbeiten, als es noch keine Maschinen gab.

Suchhunde zum Finden von Lawinenopfern oder anders verlorengegangenen Menschen.

Hunde, die beim Menschen bestimmte Krankheiten riechen können und damit dem Arzt helfen, die richtige Diagnose zu stellen.

Polizeihunde bei der Suche von Kriminellen.

Haustiere, die vor allem alten Menschen helfen, ihre Einsamkeit zu ertragen. Oder sie sind einfach da, um der ganzen Familie Freude zu machen.

Schwalben, die lästige Insekten fressen, zum Beispiel im Kuhstall.

Bakterien, die Plastikmüll fressen können.

Gänse, die Lärm machen, wenn ein Dieb sich einschleichen will. Berühmt sind sie in der Geschichte Roms, weil sie die einsteigenden Feinde hörten, schnatterten, so die schlafenden Römer weckten und die Stadt retteten.

Pferde zum Reiten in unwegsamem Gelände oder um schneller weiterzukommen.

Kamele zum Tragen schwerer Lasten in der Wüste.

Lamas als Tragtiere in den Anden.

Es gibt auch Geschichten von Tieren, die sozusagen von selbst, ohne menschliches Eingreifen, Menschen geholfen haben.

Ein Gorillaweibchen, das ein Kind, das ins Affengehege gefallen war, vor den anderen Affen schützte und zum Tiergartenwächter zurücktrug.

Delphine, die einem Ertrinkenden halfen.

Affen, die ein Kind vor dem Verhungern retteten.

Tiere, die von den Menschen im Krieg eingesetzt wurden, vor allem Pferde wurden dafür benützt.

In der Geschichte Europas sind Elefanten das berühmteste Beispiel für Tiere im Krieg: die Elefanten des Hannibal, des Feldherrn von Karthago, der Rom erobern wollte und mit seinen Kriegs-Elefanten sogar über die Alpen zog.

Auch die Bibel schildert einmal die die Vorbereitung einer Schlacht mit Elefanten[85]: „Dann verteilte man die Tiere auf die einzelnen Abteilungen. Zu jedem Elefanten stellte man tausend Mann; diese hatten Kettenpanzer an und auf dem Kopf bronzene Helme. Außerdem waren jedem Tier fünfhundert ausgesuchte Reiter zugeordnet; Sie hatten sich schon vorher immer bei den Tieren aufgehalten und waren ihnen überall gefolgt, wohin sie auch gingen. Jedes Tier trug einen befestigten, gut gesicherten Turm aus Holz, der kunstfertig angeschnallt war, dazu vier Soldaten, die von dem Turm aus kämpften, sowie einen indischen Lenker des Elefanten."

Auch in modernen Kriegen hat man leider versucht, Tiere einzusetzen. Nicht mehr Elefanten, aber Delphine zum Tragen von Bomben. Aber kleinere Tiere zum Aufspüren von Minen. Außerdem hat man biologische Waffen erfunden, bei denen man gefährliche Bakterien einsetzt, mit denen man die Feinde anstecken und töten will.

Das hat man übrigens auch schon früher gemacht, indem man Pesttote mit entsprechenden Maschinen in die feindliche Stadt schleudern ließ, damit sich die Feinde anstecken und diese sterben.

85 1 Makk 6,35.

Tiere, um Sünder zu strafen

Aber Tiere haben in der Bibel manchmal auch den Auftrag, die sündigen Menschen zu bestrafen. Man kann auch sagen: Manchmal vergleicht die Bibel den Angriff eines Tieres mit der Strafe, die den Sündern gebührt.

Ziemlich schlimm klingt es im Buch der Sprichwörter: „Ein Auge, das den Vater verspottet und die alte Mutter verachtet, das hacken die Raben am Bach aus, die jungen Adler fressen es auf.[86]

Besonders eindrucksvoll ist die Geschichte von einem „Gottesmann", der den Befehl Gottes missachtet. Und dann heißt es:

„Er zog fort; doch unterwegs fiel ihn ein Löwe an und tötete ihn. Seine Leiche lag hingestreckt am Weg, und der Esel stand neben ihr. Auch der Löwe blieb neben der Leiche stehen. Die Leute, die vorübergingen, sahen die Leiche am Weg liegen und den Löwen neben ihr stehen. Sie kamen und erzählten es in der Stadt, in der ein alter Prophet wohnte. Als der Prophet davon hörte, sagte er: Das ist der Gottesmann, der gegen den Befehl des Herrn gehandelt hat. Darum hat ihn der Herr dem Löwen preisgegeben, und dieser hat ihn zerrissen und getötet, wie es der Herr ihm angekündigt hatte. Dann befahl er seinen Söhnen: Sattelt mir den Esel! Sie taten es, und er machte sich auf und fand die Leiche am Weg hingestreckt; der Esel und der Löwe standen neben ihr. Der Löwe hatte die Leiche nicht gefressen und den Esel nicht zerrissen. Der Prophet hob nun die Leiche auf, legte sie auf den Esel und kam mit ihr in die Stadt zurück, um dem Gottesmann die Totenklage zu halten und ihn zu begraben. Er bestattete ihn in seinem eigenen Grab."[87]

Tiere sind, wie auch heute noch, auch in der Bibel manchmal schädlich, wie z. B. die Wildscheine, wenn sie Felder oder einen Weingarten verwüsten.[88] Oder auch: Wegen der Sünden der Besitzer lässt Gott, alte, verfallende Paläste oder Häuser von Tieren besiedeln: „Das Land wird zu einem Ort für Schakale, zu einem

86 Spr 30,17.
87 1 Kön, 13,34-40.
88 Ps 80,40.

Platz für die Strauße. Wüstenhunde und Hyänen treffen sich hier, Der Kauz hat hier sein sicheres Nest, er legt seine Eier und brütet sie aus. Auch die Geier sammeln sich hier, einer neben dem andern. Forscht nach im Buch des Herrn, dort werdet ihr lesen: Keines dieser Tiere ist ausgeblieben, keines braucht seinen Gefährten zu suchen; denn der Mund des Herrn hat es befohlen, sein Geist hat sie zusammengeführt."[89]

Das kann auch mit dem Tempel passieren und so klagt Gott: „Mein Erbteil ist zur Höhle einer Hyäne geworden, so dass Raubvögel es umlagern?"[90]

Eine berühmte Geschichte ist auch diese: „Unterwegs aber verlor das Volk den Mut, es lehnte sich gegen Gott und gegen Mose auf und sagte: Warum habt ihr uns aus Ägypten heraufgeführt? Etwa damit wir in der Wüste sterben? Es gibt weder Brot noch Wasser. Dieser elenden Nahrung sind wir überdrüssig."

Und dann heißt es: „Da schickte der Herr Giftschlangen unter das Volk. Sie bissen die Menschen, und viele Israeliten starben.[91] Aber zugleich gibt Gott auch ein Mittel, um sich zu schützen oder um wieder gesund zu werden.[92]

Sehr oft sind in der Bibel die Tiere einfach nur im Dienst Gottes, wenn Gott die Menschen zur Einsicht und Bekehrung bringen will, und es sind bestimmte Tiere, die Gott dabei helfen: „Ich mache sie zu einem Bild des Schreckens für alle Reiche der Erde, zur Strafe für den König für das, was er getan hat."[93]

In der Offenbarung des Johannes, dem letzten Teil des Neuen Testaments, ist auch von geheimnisvollen, unwirklichen Tieren die Rede, wie z. B. so: „Da sah ich ein fahles Pferd; und der, der auf ihm saß, heißt der Tod; und die Unterwelt zog hinter ihm her. Und ihnen wurde die Macht gegeben über ein Viertel der Erde, Macht, zu töten durch Schwert, Hunger und Tod und durch die Tiere der Erde."

---

89 Jes 34,13-16.
90 Jer 12,9.
91 Num 21,6.
92 Num 21,6ff.
93 Jer 15,4.

Aber dann geht es weiter: „Als das Lamm (gemeint ist damit Jesus) das fünfte Siegel öffnete, sah ich unter dem Altar die Seelen aller, die hingeschlachtet worden waren wegen des Wortes Gottes und wegen des Zeugnisses, das sie abgelegt hatten."

Einmal heißt es warnend: „Reißende Tiere, Skorpion und Natter, rächendes Schwert zur Vernichtung der Frevler: Alle diese Dinge sind zu ihrem Zweck erschaffen, sie sind im Speicher aufbewahrt, und zu ihrer Zeit werden sie losgelassen."[94]

Ganz besonders berühmt sind die sogenannten ägyptischen Plagen; weil der Pharao die Juden als Sklaven behalten und sie nicht freilassen will, wie Gott es von ihm verlangt hatte. Da schickt Gott seine „Plagen" und die meisten Plagen sind Tiere:

Stechmücken, Ungeziefer, Heuschrecken, die die Ernte der Ägypter fressen, Frösche. Die in ihre Häuser, auch in den Palast des Pharao eindringen, aber auch umgekehrt so, dass Gott die Tiere der Ägypter in deren Landwirtschaft und die Fische im Nil sterben lässt, aber nicht die Tiere der Juden.[95]

Ein besonders anschauliches Beispiel gibt der Prophet Hosea, der Gott warnen lässt: „Ich falle sie (die Sünder) an wie eine Bärin, der man die Jungen geraubt hat, und zerreiße ihnen die Brust und das Herz. Die Hunde fressen sie dann, und die wilden Tiere zerfleischen sie. Ich vernichte dich, Israel, wer kommt dir zu Hilfe?"[96]

Man könnte auch andere Tiere nennen, denn alle Tiermütter verteidigen ihre Jungen, bei einer Bärin ist es sicher besonders dramatisch, wenn man versucht sich vorzustellen, wie sie reagiert, wenn jemand ihr ihre Jungen zu nehmen will! Von einem deutschen Bischof wird erzählt: Bei einer Fahrt durch den Urwald im Kongo fiel ihm ein Gorillababy vom Baum in den Schoß. Seine Begleiter erschraken und riefen nur zur Flucht auf: Ob der Bischof überlebt hätte, wenn die Gorilla-Mutter das Geschehen sofort bemerkt hätte und gekommen wäre, weiß niemand.

---

94 Sir 39,30.
95 Ex 7, 1ff.
96 Hos 13,8f.

Einmal heißt es beim Propheten Ezechiel: „Hungersnot und wilde Tiere schicke ich gegen dich“[97] und noch bedrohlicher: „Wenn ich wilde Tiere gegen das Land losließe, die es entvölkern, so dass es zur Wüste würde und wegen der wilden Tiere kein Mensch mehr durch das Land reisen könnte.“[98]

An einer anderen Stelle nennt Gott als seine vier schlimmsten Strafen „Schwert, Hunger, wilde Tiere und Pest“[99], die Er schicken könnte. Es geht sogar noch weiter: „Alle Vögel des Himmels sollen sich auf dich setzen, und Ich sättige mit dir alle Tiere der Erde.“[100]

Aber es wäre nicht der Gott den wir kennen und lieben, wenn nicht hinter all dem doch die Sehnsucht, Güte und Gerechtigkeit Gottes stünden! Darum: „Einige in der Stadt werden verschont und übrigbleiben und ihre Söhne und Töchter zu euch herausführen. Wenn ihr dann ihr Verhalten und ihre Taten seht, werdet ihr euch über das Unheil hinwegtrösten, das ich über Jerusalem verhängt habe, über alles, was ich über die Stadt kommen ließ. Sie trösten euch darüber hinweg, weil ihr ihr Verhalten und ihre Taten seht und daran erkennt, dass ich all das, was ich mit der Stadt machte, nicht ohne Grund getan habe!“[101]

97 Ez 5,17.
98 Ez 14,15.
99 Ez 14,21
100 Ez 32,4.
101 Ez 14,23.

Tiere als Götzen

Tiere kommen in der Bibel auch vor, weil die Menschen manchmal Tiere als Götter verehrten, also Götzen. Von Tieren, die als Götzen verehrt wurden, sagt die Bibel, und man spürt die Traurigkeit des Verfassers: Die Menschen „vertauschten die Herrlichkeit des unvergänglichen Gottes mit Bildern, die einen vergänglichen Menschen und fliegende, vierfüßige und kriechende Tiere darstellen."[102] „Sie verehren sogar die widerlichsten Tiere, die dümmsten im Vergleich mit den anderen, solche, die nicht einmal schön sind, so dass man an ihnen Gefallen finden könnte, soweit das beim Anblick von Tieren möglich ist, die zudem Gottes Lob und seinen Segen verloren haben."[103]

„Zur Strafe für ihre frevlerische Torheit, in die sie sich verirrt hatten, als sie vernunftloses Gewürm und armseliges Ungeziefer verehrten, sandtest du ihnen eine Menge vernunftloser Tiere."[104]

Aber das bleibt nicht ohne Folgen: „Wer sich aber durch eine Strafe, die ihn zum Gespött macht, nicht warnen lässt, der wird eine Strafe erleiden, die der Macht Gottes entspricht. In ihren Leiden wurden sie zornig über die Tiere, die sie für Götter hielten und mit denen sie jetzt gestraft wurden. So erfuhren sie jenen, von dem sie vorher nichts wissen wollten, und erkannten ihn als den wahren Gott; deshalb war ja auch die äußerste Strafe über sie gekommen.[105]

Eigentlich zum Lachen ist es, wenn Gott die Menschen vor ihren Götzenbildern warnt, indem Er[106] ihnen sagt:

„So sichern die Priester die Tempel der Götter mit Türen, Schlössern und Riegeln, damit sie nicht von Räubern geplündert werden. Die Priester zünden Lichter an, mehr sogar als für sich selbst, doch die Götter können keines davon sehen. Es geht ihnen wie einem Balken am Tempel: Ihr Inneres wird, wie man sagt, zerfressen. Sie aber bemerken nicht die Würmer, die aus der Erde kommen und

---

102 Röm 1,23.
103 Weish 15,18-19.
104 Weish 11,15.
105 Weish 12,26-27.
106 Bar 6,19-26.

sie selbst samt ihren Gewändern aufzehren. Ihre Gesichter sind geschwärzt vom Rauch, der im Tempel aufsteigt. Auf ihrem Körper und auf ihrem Kopf lassen sich Fledermäuse, Schwalben und andere Vögel nieder, ebenso auch Katzen. Daran erkennt ihr, dass sie keine Götter sind. Fürchtet sie also nicht! Sie sind mit Gold überzogen, damit sie schön aussehen; wenn aber niemand den Schmutz wegputzt, glänzen sie nicht. Nicht einmal, als sie gegossen wurden, spürten sie es. Jeden Preis zahlte man für sie, obwohl sie keinen Lebensatem besitzen. Da sie ihre Füße nicht gebrauchen können, werden sie auf den Schultern getragen und zeigen so den Menschen ihren eigenen Unwert. Auch ihre Diener müssen sich schämen; denn (der Götze) muß von ihnen aufgestellt werden, damit er nicht zu Boden fällt. Stellt man ihn aufrecht hin, so kann er sich selbst nicht bewegen; steht er schief, kann er sich nicht aufrichten. Vielmehr setzt man ihnen die Gaben vor wie den Toten."

Und auch: „Wie im Gurkenfeld eine Vogelscheuche, die nichts behütet, so sind ihre hölzernen, mit Gold und Silber überzogenen Götter. Ebenso gleichen sie einem Dornbusch im Garten, auf den sich Vögel jeder Art niederlassen; oder auch einem Toten, der ins Dunkel geworfen ist, gleichen diese hölzernen, mit Gold und Silber überzogenen Götter. Auch an den Purpur und Byssusgewändern, die auf ihnen vermodern, erkennt ihr, dass sie keine Götter sind. Zuletzt werden sie selbst zerfressen und zum Gespött im Land. Besser ist also ein gerechter Mann, der keine Götterbilder hat; denn er ist sicher vor dem Gespött."[107]

Mit Blick auf Götzen sagt die Bibel auch: „Die Tiere sind besser daran als jene; denn sie können an einen schützenden Ort fliehen und sich selber helfen."[108] Götzen können aber nichts dergleichen!

Ich denke bei solchen Stellen in der Bibel daran, dass auch heute noch viele Leute z.B. Buddha-Figuren oder Götterbilder aus anderen Kulturkreisen aufstellen. Ob und wieweit sie irgendwie an solche „Götter" wirklich glauben, weiß man natürlich nicht. Wahr aber ist, dass in manchen Religionen auch heute noch Tiere in einer abergläubischen Weise verehrt werden. Wenn Mission sie von solchem Tierglauben und Geisterglauben befreit, ist das eine Wohltat für die Menschen.

107 Bar 6,69-72.
108 Bar 6,67.

Die Sorge Gottes um die Tiere

Seit Gott die Menschen erschaffen hat, wiederholt sich eine Art Ringen Gottes um Seine geliebten Menschen.

Aber immer wieder fallen die Menschen trotzdem von Ihm ab. Und einmal hatte sich die Situation so zugespitzt, dass man meinen könnte, Gott hätte aufgegeben. Er scheint zu beschließen, alle Menschen und auch die Tiere auszurotten, sie im Wasser ertrinken zu lassen[109].

Gleichzeitig ist von Anfang an klar, dass Gott das nicht wirklich wollte, denn Er befahl Noah nicht nur, ein gewaltiges Schiff zu bauen, die so genannte „Arche" des Noah, und so seine Familie zu retten, sondern auch, alle Arten von Tieren mitzunehmen, damit sie überleben.

Gott vergisst auch die Tiere nicht: Gott hilft Menschen und eben auch den Tieren und steht ihnen bei, erneuert Seinen Bund auch mit ihnen, auch wenn wir Menschen nicht ganz wissen, was das bedeutet. In der Bibel jedenfalls heißt es nach dem Ende der großen Flut: „Steht der Bogen in den Wolken, so werde ich auf ihn sehen und des ewigen Bundes gedenken zwischen Gott und allen lebenden Wesen, allen Wesen aus Fleisch auf der Erde. Und Gott sprach zu Noach: Das ist das Zeichen des Bundes, den ich zwischen mir und allen Wesen aus Fleisch auf der Erde geschlossen habe."[110]

Und auch bei dem Propheten Hosea ist die Rede vom Gottesbund, der auch die Tiere einschließt: „Ich schließe für Israel an jenem Tag einen Bund mit den Tieren des Feldes und den Vögeln des Himmels und mit allem, was auf dem Erdboden kriecht. Ich zerbreche Bogen und Schwert, es gibt keinen Krieg mehr im Land, ich lasse sie Ruhe und Sicherheit finden." ... Dann redet Hosea weiter von dem Bund, wie er für die Menschen gilt: „Ich traue dich mir an auf ewig; ich

109 Gen 6,17ff.
110 Gen 9,16-17.

traue dich mir an um den Brautpreis von Gerechtigkeit und Recht, von Liebe und Erbarmen, ich traue dich mir an um den Brautpreis meiner Treue: Dann wirst du den Herrn erkennen."[111]

Die Bibel sagt uns aber auch, wie wir mit den Tieren umgehen sollten: Nämlich wie gute Hirten, die ihre Tiere lieben. Damit ist natürlich auch gemeint, was wir heute „die artgerechte Haltung der Tiere" nennen. Man kann sagen: Sie ist von Gott gewollt, gehört zu Seinen Geboten!

Übrigens, ohne das Wort zu verwenden, sprach Benedikt XVI. von einem artgerechten Verhalten des Menschen zu sich selbst. Er nannte es mit einem Fremdwort „Human-Ökologie". Der Mensch sollte mit sich selbst so umgehen, wie es seiner Menschennatur entspricht. Das ist gut für ihn, auch für die Gesundheit des Leibes, aber in erst Linie für die Gesundheit der Seele. Artgerechte Haltung der Tiere und der Menschen, beide sind wichtig.

Über schlechte Hirten klagt Gott: „Die schwachen Tiere stärkt ihr nicht, die Kranken heilt ihr nicht, die Verletzten verbindet ihr nicht, die Verscheuchten holt ihr nicht zurück, die Verirrten sucht ihr nicht, und die Starken misshandelt ihr. Und weil sie keinen Hirten hatten, zerstreuten sich meine Schafe und wurden eine Beute der wilden Tiere."[112] Gemeint sind nicht nur die Hirten von Tieren, sondern vor allem die Regierenden im Staat, die oft mit „Hirten" verglichen werden.

Dabei gönnt Gott anderen Tieren, was sie durch die Nachlässigkeit der Hirten, nicht bekommen: „Auf, sammelt euch, alle Tiere des Feldes, kommt zum Fraß!"[113]

Wie es richtig wäre, beschreibt Gott durch den Propheten Ezechiel so: „Die verlorengegangenen Tiere will ich suchen, die vertriebenen zurückbringen, die verletzten verbinden, die schwachen kräftigen, die fetten und starken behüten. Ich will ihr Hirt sein und für sie sorgen, wie es recht ist."[114]

---

111 Hos 2,20-23.
112 Ez 34,4.
113 Jer 12,9.
114 Ez 34,4ff.

Dann kündigt Gott an, was auch Jesus auf sich beziehen wird: „Deshalb will ich meinen Schafen zu Hilfe kommen. Sie sollen nicht länger eure Beute sein; denn ich werde für Recht sorgen zwischen Schafen und Schafen. Ich setze für sie einen einzigen Hirten! Ich rotte die wilden Tiere im Land aus. Dann kann man in der Steppe sicher wohnen und in den Wäldern schlafen."[115]

Wie Gott über die Tiere denkt, zeigt auch der merkwürdige Traum eines Königs, der ihm keine Ruhe lässt: Daniel wird gerufen, die Träume zu deuten[116]: Er tut es so: „Du König hast einen Baum gesehen; er wuchs zusehends und wurde immer mächtiger. Seine Höhe reichte bis an den Himmel, und er war auf der ganzen Erde zu sehen. Er hatte prächtiges Laub und trug so viele Früchte, dass er Nahrung für alle bot. Unter ihm fanden die wilden Tiere des Feldes Zuflucht, und in seinen Zweigen wohnten die Vögel des Himmels." Daniel erklärt den Traum so:[117] „Dieser Baum bist du, König; du bist groß und mächtig geworden; deine Größe ist immer mehr gewachsen; sie reicht bis zum Himmel und deine Herrschaft bis ans Ende der Erde." Dann heißt es:

„Preist den Herrn, all ihr Vögel am Himmel; lobt und rühmt ihn in Ewigkeit! Preist den Herrn, all ihr Tiere, wilde und zahme; lobt und rühmt ihn in Ewigkeit!" Der Baum hatte prächtiges Laub und trug so viele Früchte, daß er Nahrung für alle bot. Unter ihm fanden die wilden Tiere des Feldes Zuflucht, und in seinen Zweigen wohnten die Vögel des Himmels. Dieser Baum bist du, König!"[118]

Weil der König aber ein ungerechter König ist, fährt der Text fort: „Man verstieß ihn aus der Gemeinschaft der Menschen. Sein Herz wurde dem der Tiere gleichgemacht. Er musste bei den wilden Eseln hausen und sich von Gras ernähren wie die Ochsen. Der Tau des Himmels benetzte seinen Körper, bis er erkannte: „Der höchste Gott gebietet über die Herrschaft bei den Menschen und gibt sie, wem er will."[119] Man sieht: Gott will auch ihn nicht quälen, sondern nur, dass der Betroffene lernt, Gott zu achten!

---

115 Ez 34,22ff.
116 Dan 4,17-19.
117 Dan 4,19.
118 Dan 3,19ff.
119 Dan 5,21ff.

© Florian Franz Feuchtner

Tiere töten – Jagd und Lust am Töten, Tierquälerei

Leider, Jagd muss sein. Auch in Europa, weil zu viel Wild den Wald zerstören würde. Oder wenn sich Wölfe oder gar Bären zu stark vermehren würden, würden sie es den Bauern unmöglich machen, ihre Tiere zu beschützen. Auch das ist ein Grund, warum es die Jagd geben muss.

Bei manchen Völkern war oder ist es vielleicht auch heute noch üblich, große Tiere, die man töten musste, um Verzeihung zu bitten. Das „sah" ich vor Jahren in einem Film: Der Jäger, der in Sibirien einen Tiger schießen musste, bat ihn um Verzeihung wie in einem Gebet. Die Menschen haben wohl immer gespürt, dass es nicht ganz selbstverständlich sein kann, ein Tier zu töten.

Aber es gibt auch Töten aus Lust am Töten, das man ablehnen muss. Auch muss das Jagen mancher Tiere verboten werden, damit sie nicht aussterben. Bei uns war das schon so bei den Steinböcken, Luchsen und Adlern. Es ist eine gute Entwicklung, dass man diese Tiere heute wieder züchtet und sie in ihrem angestammten Lebensraum freilässt; „auswildern" nennt man das.

Ganz schlimm sind die Wilderer, die nicht nur stehlen, sondern längst geschützte Tiere töten wie Elefanten, Nashörner und Tiger wegen ihrer Stoßzähnen, Hörnern, Fellen. In vielen Fällen steht dahinter auch Aberglauben.

Natürlich wollen die Wilderer Geld verdienen. Jeder Mensch darf verdienen wollen, aber eben nicht so!

Auch in der Bibel gibt es ein strenges Wort gegen die Zerstörung von Wald und Töten großer Tiere. Die Bibel spricht sogar von einem Verbrechen! „Dich erdrückt dein Verbrechen gegen den Libanonwald, und die Vernichtung des Großwilds lastet auf dir, wegen des Blutes, das du vergossen hast unter den Menschen, wegen der Gewalttaten, die du verübt hast an Ländern und Städten und an allen ihren Bewohnern."[120]

---

120 Hab 2,16.

Leider gibt es auch ein Töten von Tieren in Form von Sport: Zu nennen sind vor allem die Stierkämpfe, bei denen der Stier sich zwar wehren kann, aber alles ist so geplant, dass der Mensch immer gewinnt und der Stier tot sein muss, oft auch die Pferde, die dabei verletzt werden. Weil Joseph Roth einen solchen Stierkampf besonders ergreifend erzählt hat, gebe ich hier seinen Bericht etwas gekürzt wider. Mit „Widerwillen und Neugier im Herzen" hat er einen Stierkampf angeschaut und beschrieben, was er erlebte.[121]

Einleitend erzählt er von einem Unfall, bei dem ein Mann in die Arena sprang und vom Stier getötet wurde. Dann erzählt er von auch prominenten Anhängern der Stierkämpfe, „die aus der „Blutrünstigkeit eine Kulturforderung machen wollen" ohne sich dabei von der „Bestialität" abzugrenzen.[122] Dann erzählt er, was er sah: „Die Leute schrien und reizten den Stier, so gut sie konnten. Ein Mann lief dem Stier entgegen, war aber flink und entkam ihm. Vor allem: „Er war in der ungleich besseren Situation. Er durfte alle Waffen benutzen. Die List, die Feigheit, die Zweibeinigkeit, den Zaun, die Ausgänge und einen eisernen Kamm. Der Stier hatte nichts." Denn die Hörner hatte man ihm abgedeckt. Zwei Männer quälten den Stier mit spitzen Instrumenten besonders gemein. Die Zuschauer hielten sich die Bäuche vor Lachen. „Eine ungeheure Verachtung erfüllte den Stier. Jetzt erkannte er seine Ohnmacht, da es auch kein Zurück in den Stall gab. Jetzt war er kein Tier mehr. Jetzt war er die Verkörperung aller menschlichen Märtyrer. In seinem Blick lag ein Schimmer von einem leuchtenden Schmerz, der im Auge von allen Gekreuzigten brennt. Er stand da und hoffte nicht mehr." Dann erzählt Roth: „Alle waren aufgeregt, standen auf. Der Schaum um das Maul des Stieres genügte ihnen nicht, sie wollten Blut sehen, die Braven". Aber das Ende sah Roth nicht mehr. Er ging. Als seinen Verbündeten empfand er einen „kleinen Hund, der bellte und offenbar dem Stier beispringen wollte. „Ich auch, aber wir waren nur zwei arme Hunde gegen fünftausend Menschen."

Dazu passt noch eine Geschichte von Joseph Roth:

---

121 Roth Werke 3,1018–1021.

122 Roth Werke 3,1018.

Preisrattenwürgen: Roth erzählt von einer Veranstaltung, bei der Ratten mit scharfen Hunden auf einem abgezäunten Platz aufeinandergehetzt werden. Die Ratten versuchen verzweifelt zu entkommen, sich zu verstecken, aber sie sind verloren! Das zu sehen soll ein Vergnügen sein. [123]

Und Roth bekennt: „Ich bin überzeugt dass Hunde nützliche, Ratten aber schädliche Haustiere sind. Aber ich liebe Hund und Ratten."[124] Ja er hat sogar Mitgefühl mit einer Seerose und einer Mücke: „Eine solche Seerose rudert einen ganzen Tag, ehe eine Mücke ihre Beute wird. Eine einzelne Mücke. Und so viel Aufwand an Zeit, Temperament, Energie!"[125]

Und noch deutlicher:

Roth ist wehmütig beim Gedanken an Tiere im Zoo oder Zirkus, dazu mehr im folgenden Kapitel.

---

123 Roth Werke 1,923
124 Roth Werke I, 550
125 Roth Werke I, 970.

© Florian Franz Feuchtner

Zoos für Tiere

Von einem kleinen Hund, der normalerweise an einer Kette hing, erzählt der große russische Schriftsteller Solschenizyn, wie er ihm einen Knochen hinhielt: „Der Hund lief auf mich zu, zottig, wie er war, umsprang mich, schnupperte den Knochen und – fort war er wieder, bis zum Bauch im Schnee. „Eure Knochen, die brauche ich nicht – gebt mir nur Freiheit.““

Diese kurze Geschichte ist voll Sinn: Solschenizyn wusste, was Freiheit bedeutet. Er hatte ein Stalinistisches KZ durchgemacht und überlebt. Und er war es, der das kommunistische KZ-System in Russland „Archipel Gulag“ genannt hat, ein Begriff, der international verbreitet ist.

Mir fällt die Geschichte auch ein, wenn ich an Tiere in Zoos denke. So gut Zoos auch sein mögen, ja sogar wichtig für Arterhaltung und um zu lernen, was für eine bestimmte Tierart artgerechte Haltung ist; vor allem manche Tiere tun mir einfach leid ohne die Freiheit, die sie ihrer Natur entsprechend haben sollten. Vielleicht weniger für eine Schildkröte, aber sehr wichtig für Gazellen!

Aber es kann und hat auch in der Geschichte unvorstellbare Missstände gegeben:

Zoo-Direktoren sind natürlich bemüht, möglichst viele Arten von Tieren zeigen zu können. Heute betont man dabei vor allem die „artgerechte Haltung“ der Tiere. Man kann auch von Rassen sprechen. Das aber ist auch gefährlich, wenn man den Begriff Rasse auf Menschen überträgt und damit die Gleichheit der Menschen leugnet und Menschen, die anders ausschauen als Europäer, zu den Tieren rechnet. Das war z. B. verhängnisvoll für die Indianer, als Amerika entdeckt wurde, vor allem in Südamerika. Erst der Papst und Kaiser Karl V. machten klar: Indianer sind Menschen wie wir!

Joseph Roth berichtet spürbar entsetzt, welche Folgen der Gedanken hatte, dass Menschen nur Tiere seien und man deswegen die „Rassen“ unterscheiden könne und sollte. Er berichtet von einem Brief, in dem es heißt: „dass es erstens dem Frankfurter Zoo schlechtgehe und man deswegen neue Attraktionen brauche, zweitens dass die ausgestellten Schwarzen primitive Formen des höchsten Gliedes der Tierreihe sind; und drittens einer unserer berühmtesten

Universitätslehrer in den Vorlesungen über die Abstammungslehre gesagt hat, es sei besser, sich als von durch Strebsamkeit hochgekommenen Verwandten von Menschenaffen zu fühlen als als degenerierter Gott. und viertens dass es den Kanaken (Menschen, die Im Südpazifik leben) in Frankfurt gutgehe, die freiwillig und gerne gekommen seien und sich überhaupt glücklich schätzen können, in so gute Hände geraten zu sein ...“[126].

Google meldet dazu: „Völkerschau bezeichnet eine Zurschaustellung von Angehörigen eines fremden Volkes. ... Menschen aus fremden Kulturen wurden im Zoo oder im Zirkus sowie auf Jahrmärkten, Volksfesten, in Varietés und auf „Lippenneger“-Schauen sowie 1931 die Ausstellung „Kanaken der Südsee“ auf dem Münchner Oktoberfest.“

Heute ist es undenkbar, dass ein Zoo oder ein Veranstalter solches planen oder gar machen würde. Aber der Grundgedanke, dass Menschen „eigentlich auch nur Tiere seien“, ist nach wie vor weit verbreitet, gefährlich, falsch und wird benützt, um unmenschliches Tun durch Abtreibung und in der Forschung an Embryonen zu legitimieren. Man nennt die Ideen im Hintergrund „Rassismus.“

In Bezug auf Tiere, die zur Schau gestellt werden, schreibt Joseph Roth: [127]

„Die Eisbären tragen die grausame Schuldlosigkeit uferloser Eisfelder in Blick, Fell und Bewegung ... In ihren Augen spiegelt sich die keusche Ewigkeit menschenloser Welten. Da sind sie Zirkusmöbel. Aber: Wo sind die grünlich schimmernden Gletscher?“

Und „die Affen, die im Urwald noch auf knorrigen Ästen ihr Leben verspielen und bemüht sind, die kurze Zeitspanne auszunützen, in der sie noch Affen sein dürfen, weil ihnen dann bunte Höschen angezogen werden! Ist das der Sinn der Natur?“[128]

Elefanten: „Unendliche Trauer überfällt mich im Zirkus, wenn ich den Elefanten sehe. Dieses Ungeheuer, nicht aus dem Stall, sondern unmittelbar aus Tertiärzeiten in die Arena stampfend, dieser Elefant, auf dessen Rücken Jahrmillionen wuchten, blickt verständnislos ins Parkett, und sein feuchtes Auge, in dem alle Wunder einer seligen Vorzeit lagern, haftet verwundert an der ersten Loge in

126 Roth, Werke III, 366.
127 Roth Werke I, 552.
128 Roth Werke I, 552.

eines Herrn Auge, in dem sich die Dummheit einer unseligen Nachzeit spiegelt. Tun wir ihnen den Gefallen, sagt sich der Elefant, und verneigt sich vor der klatschenden Menschenmenge. Und er schämt sich nicht."

Eine Firma produzierte einen Film: Das Liebesleben der Elefanten. Als Lehrfilm. Der Elefant sieht seine keuschesten Geheimnisse preisgegeben einer interessierten Meute.

Unsere große Schuld! Weil wir das Liebesleben der Elefanten belauschen und Tier gegen Tier hetzen. Roth fügt hinzu: „Ich liebe alle Kreatur."[129]

Und diese seine Einstellung ist der Grund, warum ich ihn immer wieder gerne zitiere!

Nicht viel besser dürfte es auch bei den Fuchsjagden (in England) sein.

Dostojewski erzählt in seinem Roman „Schuld und Sühne" eine grauenhafte Geschichte von einem Mann, der sein überlastetes Pferd schlägt, absichtlich auch über die Augen, und es buchstäblich zu Tode prügelt. Vielleicht hat er eine ähnliche Geschichte einmal erlebt. Aber der Schriftsteller spürt offenbar, dass seine Darstellung für den Leser kaum zu ertragen ist, und so entlastet er ihn am Ende indem er sagt: Es war nur ein Traum, nicht Wirklichkeit.

Ich habe zweimal in meinem Leben einen Umgang mit Tieren erlebt, der ein Schock für mich war, ich war noch ein Kind: Einmal sah ich, wie ein Schwein weggeschleppt wurde zum Schlachten. Die Männer schlugen es, zogen es an den Ohren und am Schwanz und das Schwein quiekte schrecklich und verzweifelt. Heute wäre das in Mitteleuropa nicht mehr so erlaubt.

Die andere Szene, die ich selbst erlebte, war auch schrecklich: Junge Burschen hatten eine Ratte entdeckt, die über einen sandigen Hang fliehen wollte, aber das war unmöglich, sie fand keinen Halt. Die Burschen warfen Steine bis die Ratte endlich tot war. Sinnlos und grausam! Aber ich weiß nicht, was in anderen Ländern heute noch passiert. Bei uns sind es aber sicher auch noch die Tiertransporte, von denen man oft schreckliche Dinge hört und Bilder sieht. Transporte, die man als Tierquälerei bezeichnen muss. Tierquälerei geschieht auch oft in einem Zirkus und in der Art, wie Tiere gehalten werden – alles andere als artgerecht. Ich erinnere mich auch an einen Elefanten, der an einer Kette lange

---

129 Roth, Werke 1, 550ff.

„gehalten“ und gezeigt wurde, bis er tot war, und an einen Löwen, der in einem viel zu engen Käfig eingesperrt war und einem Zirkus gehörte. Eine artgerechte Haltung schaut anders aus.

Erfundene und geträumte Tiere in der Bibel

In der Bibel, wimmelt es von Tieren. Fast alle Arten kommen vor: Raubvögel, Löwen, Bären, Gazellen, Flusspferde, Dromedare, Kamele, Schlangen, Frösche, Schwalben und viele andere.

Aber in der Bibel gibt es auch Tiere, die es nirgendwo auf der Erde gibt und auch damals, als die Bibel geschrieben wurde, im Land der Bibel, nicht gab: Jesaja redet einmal von „fliegenden Schlangen“[130], aber da wissen wir nicht, was er damit wirklich gemeint hat.

Zu diesen unwirklichen Tieren gehört natürlich auch die Schlange in der Geschichte von der Verführung der Menschen zur Sünde. Sinnlos zu fragen, welche Schlange das war! Keine wirkliche Schlange, die Schlange ist an dieser Stelle nur gemeint als ein Geschöpf, das gefährlich ist und dem es gelang, die Menschen von Gott abzubringen.[131] Mit dieser Schlange kann nur der Teufel gemeint ein, also ein von Gott abgefallener Engel. Er ist sehr schlau und lügt geschickt, dass Gott gar nicht gut ist, sondern dass Gott den Menschen ihr wahres Glück nicht gönnt.

Erfundene Tiere sind manchmal Götzenbilder, wie das goldene Kalb, das die Leute als ihren Gott verehren wollten, weil sie meinten, Mose sei am Berg verloren gegangen und werde nicht mehr zurück kommen.[132] In Wirklichkeit brachte er dem Volk die zehn Gebote Gottes, die Gott den Menschen zu ihrem Schutz geben wollte. damit sie menschengerecht leben und es ihnen gut geht. So, wie wir heute von „artgerechter Tierhaltung“ reden und sie für Ställe oder auch für private Tierhaltung fordern, geht es bei Gottes Geboten um Anleitung zu einem menschengerechten Leben.

130 Jes 30,6.
131 Gen 3,1ff.
132 Ex 32,4.

Aber es gibt noch andere „Tiere" in der Bibel, die nicht wirkliche Tiere sind, sondern nur symbolische Tiere, so wie wir von einem besonders starken Mann sagen: „Er hat Kraft wie ein Bär!" Die Bibel vergleicht ganz ähnlich ganze Staaten und ihre Könige mit unwirklichen, gefährlichen Tieren, etwa wenn Könige mit ihren Soldaten andere Länder bedrohen. So heißt es einmal bei dem Propheten Daniel: „Dann stiegen aus dem Meer vier große Tiere herauf. Diese großen Tiere, vier an der Zahl, bedeuten vier Könige, die sich auf der Erde erheben werden."[133] Welche Könige, die es damals wohl wirklich gab, damit gemeint waren, sagt uns die Bibel nicht.

So redet auch vor allem die Offenbarung des Johannes, das letzte Buch der Bibel, von Tieren, die es nicht gibt und nicht geben kann. Tiere, die mehrere Köpfe[134] haben, einander und andere Tiere bedrohen und umbringen. Auch damit sind wohl bestimmte Politiker und gewalttätige Völker der damaligen Zeit gemeint.

Es überrascht ein wenig, dass in der Bibel Tiere auch verwendet werden, um andere Menschen zu beschimpfen: „Alle Kreter sind Lügner und faule Bäuche, gefährliche Tiere." [135]

Oder auch: „Diese Menschen aber sind wie unvernünftige Tiere, die von Natur aus dazu geboren sind, gefangen zu werden und umzukommen. Sie lästern über Dinge, die sie nicht verstehen; doch sie werden umkommen, wie die Tiere umkommen ... Diese jedoch lästern über alles, was sie nicht kennen; was sie aber wie die unvernünftigen Tiere von Natur aus nicht verstehen, daran gehen sie zugrunde." [136]

Was da mit Tieren gemeint ist, lässt sich schwer sagen, aber Petrus spricht hier von Menschen, die sich von schmutzigen Begierden treiben lassen. Menschen sterben wirklich nicht selten an ihren Süchten, denen sie gegen jede Vernunft verfallen sind. Menschen konsumieren giftige Stoffe oder setzen sich ohne Notwendigkeit großen Gefahren aus, z. B. im Konsum von Drogen oder manchmal auch im Sport. Man muss aber auch sagen: So intelligent Petrus war und so recht er hatte mit dem, was er sagte: Von den Tieren wusste er nicht viel! Mit Recht bewundern wir heute die hohe und für uns oft gar nicht verstehbare Intelligenz, die im Reich

---

133 Dan 7,3f.
134 Offb 17,2.
135 Tit 1,12.
136 Jud 1,10.

der Tiere herrscht. Man denke etwa an das, was man heute über die Bienen weiß, die man nicht unvernünftig nennen kann, auch wenn die einzelne Biene nicht weiß, welchen wunderbaren Gesetzen sie folgt. Für andere Tiere gilt dasselbe.

Andere Tiere in der Bibel kommen nur in Träumen vor[137] und ihre Bedeutung musste schon in der Bibel erklärt werden: Das sind vor allem die Kühe, die Mageren und die Fetten, von denen der ägyptische König träumte; Träume, die ihm dann Josef, den man als Sklaven nach Ägypten verschleppt hatte, erklären musste: Die fetten Kühe bedeuten sieben gute, die mageren sieben schlechte Jahre, Jahre, in denen es den Menschen gut geht und solche, in denen sie hungern. Der Pharao versteht, was Gott ihm sagen will und lässt mit Hilfe von Josef Vorräte anlegen und rettet mit dieser Maßnahme das Volk der Ägypter vor einer Katastrophe, indem er seinem jüdischen Sklaven vertraut und auf ihn hört.

137 Dan 4,1ff.

Heilige und Tiere

Übrigens gibt es auch von manchen Heiligen schöne Geschichten von Tieren, so etwa vom heiligen Romedius:

Romedius, der hoch oben auf einem Felsen im Nonstal (im Trentino, am Rand der Dolomiten) als Einsiedler lebte, sollte eines Tages zu seinem Bischof nach Trient reiten, aber als er das Pferd holen wollte, entdeckte er: Ein Bär hatte das Pferd gefressen. Der Heilige stellte den Bären zur Rede und sagte ihm: Du hast mein Pferd gefressen, aber ich muss zum Bischof, jetzt musst du mich tragen. Irgendwie sah der Bär das ein und so ritt Romedius auf dem Bären und kam pünktlich zum Bischof.

Übrigens wird von vielen Heiligen erzählt, dass sie Tiere gerne hatten, sie fütterten, vor den Jägern retteten oder ihnen sonst irgendwie halfen

Der heilige Hieronymus zog einem Löwen einen Dorn aus der Pfote, der dann treu und dankbar bei ihm blieb.

Und umgekehrt, dass Tiere sich Heiligen zuwandten. Berühmt ist folgende Geschichte:

Don Bosco und sein grauer Hund

Aus dem Leben des heiligen Don Bosco ist eine sehr interessante Hundegeschichte überliefert, die viele Zeitgenossen, die ihn und seinen Hund kannten, bestätigten:

Die erste Begegnung

Um das Jahr 1883 ging Don Bosco eine gefährliche Straße Turins entlang, als ein großer Hund mit gespitzten Ohren, reichlich Fell und erhobenem Schwanz ihm zu folgen begann. Als Don Bosco ihn sah, näherte er sich ihm und streichelte ihn. Von diesem Augenblick an erschien der Hund jedes Mal, wenn der Heilige nachts allein an einem gefährlichen Ort war.

Da er graues Fell hatte, nannte ihn Don Bosco der „Grigio“, den Grauen, weil grau auf Italienisch grigio heißt.

Der Hund als Retter

Man erzählt, dass Don Bosco von den waldensischen Häretikern gehasst wurde, die die Heiligenverehrung, das Priestertum und die Sakramente der Kirche ablehnten. Einmal versuchte einer der Waldenser Don Bosco zu erschießen, der Mordversuch misslang aber. Denn rechtzeitig erschien der Graue und vertrieb den Häretiker.

Ein anderes Mal griffen Banditen Don Bosco an, sie packten ihn bei der Schulter und steckten seinen Kopf in einen Sack. Wie aus dem Nichts kam der Graue, sprang einen der Räuber an und stieß ihn zu Boden. Als er dort lag, packte ihn der Hund mit seinen Zähnen am Hals. Don Bosco aber befahl seinem Grauen, den Banditen loszulassen und laufen zu lassen. Das Tier gehorchte und verschwand.

Ein anderes Mal, wollten zwei Männer Don Bosco mit einem Zaunpfahl angreifen, aber der Heilige verteidigte sich, und dann kam der Graue. „Bitte, halten Sie Ihren Hund zurück“, schrie einer der Männer. „Und was wollt Ihr, dass ich tue?“, sagte Don Bosco. „Bitte vergebt uns, Herr Pfarrer, wir sind arme Leute; Sie haben uns schon einmal tausend Franken gegeben ...“

„Und dafür hättet Ihr mich jetzt fast umgebracht?“

„Rufen Sie ihren Hund zurück, bitte!“

„Zuvor versprecht Ihr mir, dass Ihr mich von nun an in Ruhe lasst“, sagte Don Bosco. Darauf die Banditen: „Wir schwören es, bei der Heiligen Jungfrau.“ Und Don Bosco: „Komm Grauer. Sehr gut, Du hast mir das Leben gerettet!“

Und noch eine Geschichte: Don Bosco wollte weggehen, aber der „Graue“, also sein Hund, ließ ihn nicht aus dem Haus gehen. So energisch, dass Don Bosco es schließlich aufgab und zu Hause blieb. Eigenartig? Später erfuhr er, dass ihm ein Mann mit Pistole auflauerte und ihn erschießen wollte.

Es wird auch erzählt, dass der Hund einmal aus einer Gasthausstube, die eigentlich zugesperrt war, verschwand, ohne dass jemand hätte sagen können, wie das möglich war.

Kein Wunder, dass Don Bosco auf die Frage, ob der Hund sein Schutzengel sei, sagte: „Wenn ich sage, er ist ein Engel, würden die Leute lachen. Aber man kann auch nicht sagen, dass er ein gewöhnlicher Hund ist."

Ein Salesianer der zu dem Orden der Salesianer gehört, den der heilige Don Bosco gegründet hat, hat sich zu dem Grauen folgendes Märchen ausgedacht, das er „Aufstand im Himmel" nannte und das man im Internet finden kann. Ich habe es übernommen und ein wenig erweitert:

„Am 31. Januar 1888, kurz nach Mitternacht, setzte bei Don Bosco der Todeskampf ein. Der Heilige bewahrte auch dabei eine erstaunliche Ruhe; er war keineswegs ängstlich und verzagt, eher heiter und gelassen. Als die Glocken den „Engel des Herrn" zu läuten begannen, beteten die Versammelten gemeinsam den Englischen Gruß. Sie waren damit noch nicht zu Ende, als plötzlich und fast unbemerkt der Atem Don Boscos aussetzte. Aufs Tiefste ergriffen, stimmte Monsignore Cagliero sogleich das Gebet an: „Eilt zu Hilfe, ihr Heiligen Gottes."

Don Bosco war nie ein Zauderer gewesen, und so ging es für ihn auf direktem Weg an die Himmelstür, wo er – nicht gerade sanft – klopfte.

Petrus drehte den Himmelsschlüssel, schob die schwere Eichentüre auf, stutzte einen Augenblick und rief dann in heller Begeisterung: „Don Bosco, herzlich willkommen! Wir alle, Engel und Heilige, warten schon lange auf dich. Komm in das Reich deines Vaters."

In dem Moment, als Don Bosco seinen Fuß über die Eichenschwelle setzte, schießt mit einem Satz „der Graue", der Hund Don Boscos, daher, um auch einen Platz im Himmel zu erwischen.

„Halt, Don Bosco, halt, das war nicht ausgemacht, das geht auf keinen Fall. Im Paradies hat noch nie ein Tier Unterschlupf gefunden." Petrus ist verärgert. „Der Hund ist mir sehr wichtig" versucht Don Bosco zu beschwichtigen. „Ihr habt ihn ja zu mir geschickt, um mich zu retten. Es war doch die Vorsehung Gottes, oder? Also, wenn der Hund nicht mitkommen darf, dann verzichte ich auch – freiwillig."

Don Bosco hatte noch nicht ausgeredet, da fällt die schwere Eisentüre krachend zu und Don Bosco steht draußen. Der liebe Gott hat heimlich die Auseinandersetzung mitgehört. Als er jetzt „rein zufällig“ dem immer noch erregten Petrus begegnet, erkundigt er sich über den Lärm und den Grund der Aufregung. „Stell dir vor, dieser Don Bosco, dieser Heilige der Jugend, wollte mit seinem grauen Hund in unser Paradies. Das hat es ja noch nie gegeben: ein Tier im Himmel!“ Der liebe Gott sieht das alles nicht so tragisch und versucht, Petrus zu beruhigen: „Dann unterschreibe eben eine Ausnahmegenehmigung oder mach einen Sonderfall daraus, dann ist das Problem gelöst und die Ruhe ist hier oben wiederhergestellt.“

Petrus ist zwar nicht überzeugt, aber Befehl ist Befehl, und so darf Don Bosco mit seinem Grauen in den Himmel hinein. Petrus muss die Tür wieder aufmachen.

Zwei, drei Tage vergehen, und wirklich, Don Bosco ist glücklich im Paradies, mit seinem „Grauen“, mit den Engeln und mit den Heiligen. Doch Petrus ist verschwunden. Die Engel werden zum Suchen ausgeschickt, vergebens. Petrus ist nicht zu finden. Wo mag er stecken? Da nimmt der liebe Gott die Sache selbst in die Hand, und mit donnernder Stimme ruft er nach Petrus. Es dauert lange, bis der sich zeigt. Langsam, traurig, mit Tränen im Gesicht kriecht er aus seinem Versteck. „Was ist los mit dir, warum bist du so verstört, so traurig“, will der liebe Gott wissen. Petrus wischt sich die Tränen beiseite. „Herr, ich bin nicht einverstanden, dass du den Hund Don Boscos hier in unser Paradies gelassen hast. Mein Hahn, der mich an meinen Verrat erinnert hat und der mich aber wieder zu dir hinführte, ja der für mich so wichtig ist, der muss draußen bleiben? Wenn es eine Gerechtigkeit gibt, dann muss auch mein Hahn in den Himmel dürfen.“ Der liebe Gott will keine größere Unruhe, er stimmt zu, und so kommt der Hahn ins Paradies zu Petrus.

Der Freudenschrei des Hahns ist noch nicht verklungen, und schon meldet sich eine nächste Stimme. Franz von Assisi hat von seiner Wolke aus das ganze Spiel mitverfolgt. Mit himmlischer Stimme wendet er sich nun an den erstaunten lieben Gott: „Herr, Don Bosco darf seinen Hund mitbringen, Petrus seinen Hahn, was ist mit meinen Vögeln? Gerade mit ihnen hast du mir ja deine Schöpfung nahegebracht. Durch sie kann ich dich loben und preisen. Und wenn schon, möchte ich auch meinen Wolf hereinholen dürfen. Durch sie und ihn habe ich dich erst richtig erkannt.“ Der liebe Gott lächelt. Bereits bei Don Bosco und bei Petrus mit ihren Tieren war ihm bewusstgeworden, dass auch Franziskus kommen würde. Nun ist er da. Alles Streiten hilft jetzt nichts." Es ist schon in Ordnung, du darfst auch deine Vögel kommen lassen. Bring sie nur her und auch den Wolf".

Das Paradies war wieder in Ordnung, Ruhe und Zufriedenheit im gesamten Himmel. Oder doch nicht? Mit einem Mal ist der ganze Himmel in Aufruhr. Überall blitzt und donnert es, Unruhe breitet sich plötzlich im Himmel aus. Die Engel und Heiligen erstarren: Jesus, der Sohn Gottes erscheint. Seit Tagen sieht er die Tiere im Himmel. Das widerspricht zwar nicht der Liebe seines Vaters, aber seltsam kommt es ihm doch vor, wenn er an die Tage denkt die er auf Erden verbrachte. Seine Verwunderung bringt er auch gleich an der richtigen Stelle an: „Als ich geboren wurde in Bethlehem, in Kälte und Armut, da hat mich keiner besucht und gewärmt, nur ein Ochs und ein Esel. Sie haben mir gleichsam die ersten Stunden auf der Erde Lebenshilfe gegeben. Verdienen es nicht gerade diese beiden, in den Himmel zu kommen?" Der liebe Gott schweigt. Wie soll er auch seinem eigenen Sohn, der nichts anderes tut, als den Willen des Vaters zu befolgen, widersprechen? So schweigt er. Die Engel verstehen dieses Schweigen als Zustimmung, und so kommen auch Ochs und Esel ins Paradies, obwohl eigentlich nur Jesaja von diesen beiden Tieren geredet hat.

Aus dem „Sonderfall" Don Bosco ist nun eine ganze Schar geworden. Aber noch ist nicht alles zu Ende: Daniel legt ein Wort ein für die Löwen, die ihn nicht gefressen haben, Romedius für seinen Bären, Jesaja erinnert an die Schlange, die er angekündigt hat und die das Kind nicht beißt, das in ihre Höhle greift.

Hund und Hahn, Vögel, Ochs und Esel streifen jetzt durch das Paradies. Glücklich und zufrieden sind sie, so, wie man nur im Himmel zufrieden sein kann. Doch das Ende des Aufruhrs ist noch nicht gekommen. Schon wieder meldet sich jemand zu Wort. Noach protestiert mit gewaltiger Stimme. „Wo bleiben meine Tiere? Sie haben für mich und das ganze Universum ein neues Leben gebracht. Durch sie hat ja der liebe Gott die guten Menschen und die Tiere gerettet. Auch ich verlange Gerechtigkeit, auch für meine vielen Tiere."

Der liebe Gott nimmt eine Denkpause. Es ist ja unglaublich, was dieser Don Bosco ihm da eingebrockt hat. Es ist ja die reinste Kettenreaktion. Soll er wirklich alle Tiere so ganz in Seine Nähe lassen, alle hier in den Himmel? Was wird das erst für ein Lärm sein, wenn sie alle da sind? Der liebe Gott kommt zu dem Schluss: Als ich sie schuf, habe ich gesagt, dass es gut ist! Jetzt will ich mir selbst treu bleiben. Wenn schon grenzenlose Liebe, dann überall und zu allen Geschöpfen. Gesagt, getan, und schon kommen die Tiere aller Art durch die Himmelstür. Mit der Ruhe ist es jetzt vorbei. Überall tönt, jauchzt, jubelt es zur Ehre Gottes. Auch Don Bosco ist zufrieden. Zufrieden, aber nicht ganz glücklich. Irgendetwas lässt ihn da nicht in Ruhe. Immer wieder denkt er wehmütig an seine Kinder und die Jugendlichen, an die Salesianer und Don Bosco Schwestern, die vielen Ehemaligen, seine Mitarbeiter, seine Freunde und Wohltäter, denen er in den Jahren auf der Erde begegnen durfte. Es ist doch seine Familie. Wenn sie nur alle hier wären, oder wenn er nur die Sicherheit bekäme, dass sie alle einmal hierherkommen würden.

Don Bosco denkt und überlegt, erwägt diesen und jenen Plan. Plötzlich ist es ihm klar, und mit einem verschmitzten Lächeln kommt er zum lieben Gott. „Herr, ich weiß, dass ich an dieser großen Unruhe hier im Himmel nicht ganz unschuldig bin. Wo ich mit meinen Freunden bin, da ist es einfach immer ein wenig lauter. Aber Herr, ich habe noch viele, viele liebe Lebewesen und Geschöpfe von dir zur Seite bekommen, die mir auch sehr am Herzen liegen und die mir sehr wichtig sind. Erlaube mir bitte die Frage, ob sie auch kommen dürfen."

Der liebe Gott schaut zur Seite, aber dann lächelt Er und sagt: Ja, natürlich! Sie sollen alle zu dir kommen und bei dir sein, wenn dann endlich Ruhe herrscht. Aber du musst dich auch um sie alle kümmern." Don Bosco bringt nur noch ein „Danke" über seine Lippen. Er ist erleichtert! Endlich ist sein Werk vollendet. Überglücklich sieht er vor seinen Augen seine große „Don Bosco Familie" und vor allem seine geliebten Jugendlichen. Seine Worte, die er oft auf der Erde bei der Gutenachtgeschichte und bei Ansprachen verwendete, fallen ihm plötzlich wieder ein: „Ich bin erst glücklich, wenn auch Ihr glücklich seid." Leise murmelt er jetzt diesen Satz vor sich hin: „Jetzt bin ich glücklich, weil auch Ihr glücklich seid, und auch die Tiere", fügt er jetzt hinzu.

So schnell er nur kann, rennt Don Bosco zur großen Eichentür des Himmels, schließt sie auf und lässt „seine" Familie in den Himmel. Bevor er aber die Türe wieder schließt, schiebt er einen Stein dazwischen, damit die Tür immer einen Spalt offenbleibt und er sich um seine Familie auf der Erde kümmern kann.

So haben wir die Sicherheit, schließt der Erfinder dieses Märchens, dass wir alle einmal in den Himmel kommen, wenn wir nur wollen und entsprechend leben, und wir haben die Gewissheit, dass Don Bosco sich auch vom Himmel aus um uns sorgt, wie viele andere Heilige auch. Ich meine, das sollte uns alle froh stimmen und uns Mut machen.

Euer P. Ernst Kusterer

© Florian Franz Feuchtner

Gibt es einen Tierhimmel?

Wie oft sagen die Leute von ihrem toten Hund oder der Katze: Sie sind schon im Tierhimmel. Nur Unsinn oder wenigstens ein Körnchen Wahrheit?

Ich erinnere mich gut: Als ich noch Religionslehrer war und auch vom Himmel erzählte, kamen in der Pause immer wieder Kinder zu mir und wollten wissen, ob ihr Meerschweinchen, ihr Hamster, ihr Wellensittich, ihr Hund oder ihre Katze auch in den Himmel kämen oder nicht? Aber solche Fragen stellten mir auch Erwachsene. Ich erinnere mich, wie mich mein alter Onkel und mein Taufpate, ein sehr gescheiter und gläubiger Mann, wie die Kinder, wegen seines Hundes fragte: „Werde ich ihn wiedersehen?"

Bevor ich versuche, eine Antwort zu geben, noch eine Geschichte mit dieser Frage:

Der Kirgise, Tschingis Aitmatow, erzählt in seinen Büchern immer auch von Tieren mit spürbarer Liebe zu ihnen: von Gazellen, von Kamelen und Schneeleoparden. In einem Buch erzählt er vor allem von seinem Pferd „Gülsary" und auch vom Sterben des Pferdes und seinen Gedanken danach. Wie schön und stark es war und wie sie beide, er und das Pferd, alt wurden, und zuletzt, wie das Pferd auf seinem letzten gemeinsamen Weg starb: Das Pferd konnte nicht mehr, der Mann spannte es aus und ließ den Wagen am Straßenrand einfach stehen und nahm dem Pferd auch das Zaumzeug ab. Aber auch dann ging es nicht mehr lange, das Pferd legte sich nieder und konnte nicht mehr aufstehen. Sein Herr zog sogar seine Pelzjacke aus, um es ein wenig zuzudecken und machte ein kleines Feuer, um es gegen die Kälte ein wenig zu schützen. Ein LKW-Fahrer blieb stehen, sah den Mann und sein altes Pferd, lachte und riet ihm, das Pferd in die nahegelegene Schlucht zu stürzen und es den Wölfen zu überlassen. Der Mann, der sein Pferd immer geliebt hatte, schickte den LKW mit seinem herzlosen Fahrer empört weg. Bald darauf starb das Pferd.

Wie einem Menschen drückte der Mann seinem Pferd die Augen zu und nahm Abschied mit den Worten: „Du bist ein großartiges Pferd gewesen, Gülsary, du warst mein Freund. Du nimmst auch meine besten Jahre mit dir fort. Ich werde dich nie vergessen. Einmal werden wir uns wiedersehen in der anderen Welt. Dort werde ich den Schlag deiner Hufe nicht hören können. Dort gibt es keine

Wege, keine Erde, kein Gras, kein Leben. Doch solange ich lebe bist du nicht gestorben, weil ich immer an dich denken werde, Gülsary. Immer wird dein Hufschlag mein liebstes Lied sein." So sprach der alte Mann in seinem Schmerz darüber, dass die Zeit so schnell vergangen war. Er weinte um sein Pferd und seufzte tief: „Leb wohl, Gülsary!"

Nicht ganz unähnlich eine Art Gedicht von Joseph Roth:

> Vor Tag im feuchten Graben
> Liegt ein verendendes Pferd
> Die Kanoniere haben es von der Strasse gezerrt
> Die Batterie trabt vorüber
> Die Kanonen Stück für Stück
> Den sterbenden Kameraden
> Lassen die Gäule zurück
> Der wiehert noch einmal so traurig
> Und hebt den Kopf so bang
> Der Lärm der Räder und Hufe
> Den Abschiedsgruß verschlang.
> Sehnsüchtig bläht er die Nüstern
> Dann sinkt er zurück und ist tot.
> In den verglasten Augen bricht sich das Morgenrot.[138]

Also wie ist das jetzt wirklich, gibt es auch einen Tier-Himmel? So fragen Kinder, so fragen alte Leute, so fragen alle, die ein Tier wirklich geliebt haben. Meine erste Antwort lautet:

So berührend die Geschichte von Gülsary sein mag und das, was sein Herr nach dem Tod des Pferdes sagt, tröstlich für seinen Herrn und für sein Pferd ist das nicht wirklich. Wie alt er auch geworden sein mag, nur an das Pferd zu denken oder an ein anderes Tier, hilft niemandem und tröstet nicht wirklich.

Den Kindern in der Schule habe ich immer gesagt: „Wenn Du im Himmel bist und wenn Gott merken sollte, dass Du ohne Dein Tier (Hase, Meerschweinchen, Katze, Hund oder Pferd) nicht wirklich glücklich sein kannst, wird Er es dir geben.

---

138 Roth, Werke 1, 1102.

Aber eben nur „Wenn"! Die Kinder waren zufrieden, aber eine ganz klare Antwort ist das eben nicht, das gebe ich zu.

Ich schaue mich um in der Bibel. Eine glasklare Antwort finde ich auch dort nicht, aber doch einige Stellen, die Hoffnung auch für die Tiere enthalten und damit auch für uns, die wir Tiere mögen und lieben, anders als Menschen, aber doch auch:

Hoffnung für Tiere? Ja, Paulus schreibt nämlich: „Denn die ganze Schöpfung wartet sehnsüchtig auf das Offenbarwerden der Söhne Gottes. Die Schöpfung ist der Vergänglichkeit unterworfen, nicht aus eigenem Willen, sondern durch den, der sie unterworfen hat; aber zugleich gab er ihr Hoffnung: Auch die Schöpfung soll von der Sklaverei und Verlorenheit befreit werden zur Freiheit und Herrlichkeit der Kinder Gottes."[139]

Da habe ich mich immer schon gefragt: Tröstet das meinen Hund? Was darf sich ein Tier denken, hoffen, erwarten, wenn es den heiligen Paulus lesen und verstehen könnte? Mich darf das doch trösten?

Zu den Worten des heiligen Paulus sagt der Theologe Kurt Remele[140]: „Damit wird für die gesamte Schöpfung Gottes eine eschatologische Vollendung in Aussicht gestellt."

Und der Theologe Michael Rosenberger[141] ganz ähnlich: „Jede menschliche und nicht menschliche Kreatur unter das Kreuz Christi [stellt]: Im Leiden und Sterben, aber auch in der Hoffnung auf Auferstehung und Vollendung. Biblisch ist von der Genesis bist zu Paulus klar, dass die Tiere von Gott in die Erlösung einbezogen sind."

Erst recht ist es schön, bei Papst Franziskus zu lesen[142]:

„Am Ende werden wir der unendlichen Schönheit Gottes von Angesicht zu Angesicht begegnen[143] und können mit seliger Bewunderung das Geheimnis des Universums verstehen, das mit uns an der Fülle ohne Ende teilhaben wird.

---

139 Röm 8,19-21.
140 Kurt Remele, Die Würde des Tieres ist unantastbar. Kevelaer.
141 Rosenberger Michael, Der Traum vom Frieden zwischen Menschen und Tier. Eine christliche Tierethik. München.
142 Papst Franziskus in „Laudato si", 243-244.
143 1 Kor 13,12.

Ja, wir sind unterwegs zum Sabbat der Ewigkeit, zum neuen Jerusalem, zum gemeinsamen Haus des Himmels. Jesus sagt uns: „Ich mache alles neu“[144].Das ewige Leben wird ein miteinander erlebtes Staunen sein, wo jedes Geschöpf in leuchtender Verklärung seinen Platz einnehmen und etwas haben wird, um es den endgültig befreiten Armen zu bringen.“

Der Papst sagt: „Jedes Geschöpf“. In diesem Text sind die Tiere doch logisch eingeschlossen. Natürlich kann auch er das „Wie“ nicht erklären, aber das macht nichts.

Inzwischen vereinigen wir uns, um uns dieses Hauses anzunehmen, das uns anvertraut wurde, da wir wissen, dass all das Gute, das es darin gibt, einst in das himmlische Fest aufgenommen wird. Gemeinsam mit allen Geschöpfen gehen wir unseren Weg in dieser Welt – auf der Suche nach Gott“

Alle argumentieren ganz im Sinn von Bernhart! Mir ist noch ein Argument in den Sinn gekommen: Wir heutigen Menschen sind eher befremdet, von den blutigen Tieropfern im Alten Testament[145] zu lesen. Aber wenn diese einen Sinn hatten und zur Geschichte des Heiles der Menschen beigetragen haben und irgendwie Vorbilder des Opfers Jesu am Kreuz waren, sollten sie doch auch einen Anteil am Guten haben, das sie in dieser geheimnisvollen Geschichte Gottes mit uns Menschen bewirkt haben.

Und weiter: Und in der Geschichte von der Arche Noah heißt es: „Von allem, was lebt, von allen Wesen aus Fleisch, führe je zwei in die Arche, damit sie am Leben bleiben; je ein Männchen und ein Weibchen sollen es sein. Von den Vögeln, von allen Arten des Viehs, von allen Arten der Kriechtiere auf dem Erdboden sollen je zwei zu dir kommen, damit sie am Leben bleiben.“[146]

Nach der Sintflut schließt Gott einen ersten Bund mit den Menschen, in dem auch die Tiere eingeschlossen sind:

„Und Gott sprach [147]: „Das ist das Zeichen des Bundes, den ich stifte zwischen mir und euch und den lebendigen Wesen bei euch für alle kommenden Generationen: Meinen Bogen setze ich in die Wolken; er soll das Bundeszeichen sein zwischen

---

144 Offb 21,5.
145 Ex 24,3-8.
146 Gen 6,19-21.
147 Gen 9,12.

mir und der Erde. Balle ich Wolken über der Erde zusammen und erscheint der Bogen in den Wolken, dann gedenke ich des Bundes, der besteht zwischen mir und euch und allen Lebewesen, allen Wesen aus Fleisch, und das Wasser wird nie wieder zur Flut werden, die alle Wesen aus Fleisch vernichtet. Steht der Bogen in den Wolken, so werde ich auf ihn sehen und des ewigen Bundes gedenken zwischen Gott und allen lebenden Wesen, allen Wesen aus Fleisch auf der Erde." Und Gott sprach zu Noah[148]: Das ist das Zeichen des Bundes, den ich zwischen mir und allen Wesen aus Fleisch auf der Erde geschlossen habe."[149]

Joseph Bernhart meint dazu: Dieser Bund ist gültig auch für die Tiere, nicht weniger als für die Menschen!" Und: „Soweit der erste Bundesschluss mit dem Menschen das Tier umfasste, musste ihm auch die Kraft der letzten Erfüllung durch Christus zuteilwerden." „Grund einer Erwartung, wie dumpf sie auch sein mag," auch für die Tiere![150] Ich füge hinzu: Auch wenn wir uns das Wie! nicht vorstellen können. Aber Gott wird schon wissen, wie Er das macht. Auf jeden Fall besser und schöner als wir es uns gedacht und erwartet hätten.

Im Buch der Weisheit lesen wir: „Zum Dasein hat er alles geschaffen, und heilbringend sind die Geschöpfe der Welt. Kein Gift des Verderbens ist in ihnen, das Reich des Todes hat keine Macht auf der Erde; denn die Gerechtigkeit ist unsterblich."[151]

Und in demselben Buch der Bibel steht: „Du liebst alles, was ist, und verabscheust nichts von allem, was du gemacht hast; denn hättest du etwas gehasst, so hättest du es nicht geschaffen. Wie könnte etwas ohne deinen Willen Bestand haben, oder wie könnte etwas erhalten bleiben, das nicht von dir ins Dasein gerufen wäre? Du schonst alles, weil es dein Eigentum ist, Herr, du Freund des Lebens."[152]

Beim Propheten Jesaja finde ich: „Ja, vergessen sind die früheren Nöte, sie sind meinen Augen entschwunden. Denn schon erschaffe ich einen neuen Himmel und eine neue Erde. Man wird nicht mehr an das Frühere denken, es kommt

---

148 Gen 9,12-18.
149 Gen 9,17.
150 Bernhart, Die unbeweinte Kreatur, 203.
151 Weish 1,14-15.
152 Weish 11,24-26.

niemand mehr in Sinn. Nein, ihr sollt euch ohne Ende freuen und jubeln über das, was ich erschaffe. Denn ich mache aus Jerusalem Jubel und aus seinen Einwohnern Freude."[153]

Besonders für unsere Frage, über die wir jetzt nachdenken, ist ein Text in der Offenbarung des Johannes: von Bedeutung „An jenem Tag wird sich der Himmel im Feuer auflösen, und die Elemente werden im Brand zerschmelzen. Dann erwarten wir, seiner Verheißung gemäß, einen neuen Himmel und eine neue Erde, in denen Gerechtigkeit wohnt."[154] „Dann sah ich einen neuen Himmel und eine neue Erde; denn der erste Himmel und die erste Erde sind vergangen, auch das Meer ist nicht mehr."[155]

Kann man aus all dem nicht doch ableiten: Gott will, dass die Tiere leben, aber nicht nur auf dieser Welt? Sondern auch in der neuen Welt?

Also bin ich geneigt zu denken, dass es auf der neuen Erde alles Schöne und Gute wieder geben wird, wahrscheinlich noch schöner und besser als jetzt. Unsicher bin ich, ob mein Hund als „derselbe" Hund da sein wird, so wie wir Menschen keine Anderen sein werden, sondern wir selbst und wir daher zum Beispiel unsere Freunde oder Eltern und Verwandten als dieselben wiedersehen. zwar „verwandelt", aber sie selbst werden es sein.[156] Wie schauen wir dann aus? Woher soll ich das wissen, es steht nicht in der Bibel und wir haben keine Fotos von Jesus bekommen. Auch nicht vom Berg, auf dem die Apostel „Jesus in strahlendem Licht"[157] sahen. Lassen wir uns überraschen.

Eine Frau schrieb mir zur Zeit, als meine Hündin starb, folgenden Traum:

„Ich saß vor einer kleinen Berghütte. Vor mir breitete sich eine Wiese aus. Alle meine Hunde lagen da, lebendig, auch Pamina, die sie auch betreute und liebte. Jary, Csilla, Lara und der Kleine, also alle ihre Hunde! Darunter liefen Hühner herum und ich wunderte mich, dass die Hunde sie in Ruhe ließen. Vor mir die wunderbare Landschaft, ich war allein und freute mich, dass das Haus so klein war: leicht und wenig zu putzen, ein alter Herd mit Ringen. Auf einem Kalender von Rauchfangkehrern sah ich das Datum Mai 2015. Vielleicht werde ich da

153 Jes 65,17-18.
154 2 Petr 3,13.
155 Offb 21,1 f.
156 1 Kor 15,52.
157 Lk 9,31.

sterben und bin im „Hundehimmel? Aber da kam Andreas (also ich), sie nahm mich behutsam an der Hand und sagte: „Komm mit mir, Jesus wartet schon auf Dich!“ Ich sagte: „Und die Hunde?“ Jesus lachte ein wenig und antwortete: „Die kommen natürlich mit!“ Vor allem Pamina sprang mich voll Freude an, wir gingen los und erst jetzt sahen wir einen kleinen Weg, der sanft anstieg. An der nächsten Wegbiegung schien ein besonderes Licht zu leuchten. Wir konnten es noch nicht richtig sehen. So gingen wir, von den Hunden umringt, los. - Aber leider, da wachte ich auf, der Traum war zu Ende!“

Träumen und wünschen dürfen wir. Alles, was wir uns wünschen, wird übertroffen sein von dem, was Gott machen wird!

Tiergeschichten

Leben mit Pamina und der Abschied

Ich hatte 13 Jahre lang eine Hündin. Als ich ins Tierheim ging um sie anzuschauen, brachte eine Tierpflegerin das Tier zu mir und setzte den noch kleinen, erst einige Wochen alten Hund, vorsichtig vor mir auf den Boden. Ich saß auf einem Sessel. Sie, Pamina, wie sie dann genannt wurde, sprang mir, sofort auf den Schoß, das konnte sie schon, und begann mich stürmisch zu begrüßen. Eigentlich hatte sie mich auf diese Weise schon gewonnen und meine Entscheidung war gefallen, dennoch fuhr ich noch ein letztes Mal ohne sie nach Hause. Später schämte ich mich dafür, dass ich sie nicht sofort mitgenommen hatte. Aber die Frau, die mir schon vorher Hilfe bei der Betreuung versprochen hatte, handelte entschlossen: Wenig später läutete es an meiner Haustür und da standen sie: Die Frau, die kleine Hündin und die Nichte der Frau. So jedenfalls begann mein „Hunde-Leben", also das Leben mit dem Hund, das kein Hundeleben war, sondern sehr schön und Quelle vieler Freuden für uns alle. Ich kann sagen: Es wurde ein schönes Leben für mich, auch für Pamina! Ich musste lernen, sie richtig zu füttern, oft genug mit ihr spazieren zu gehen, für ihren Schlafplatz zu sorgen. Wichtig war mir auch, dass sie ihre Wasserscheu ablegte. Ins Wasser einfach hineinwerfen, wollte ich sie nicht, und so wählte ich einen sanften Weg: Ich setzte sie auf mein Surfbrett und drückte dieses langsam ins Wasser. Sie konnte natürlich schon schwimmen, wie alle Hunde, aber sie wusste es noch nicht. Es kam bald die Zeit, da war sie nicht zu halten, wenn ich allein schwimmen wollte. Sie sprang sofort nach und ich musste schauen, dass sie mir nicht den Rücken zerkratzte. Ruhig neben mir schwimmen konnte ich ihr nicht und nicht beibringen. Erst wenn ich umdrehte und zurück Richtung Ufer schwamm, war sie beruhigt. Vielleicht war das Zerkratzen ein merkwürdiger Versuch mich „zu retten", ich weiß es nicht.

Einmal versuchte ich, ihr zu „entkommen. Das war an einem Arm der Donau in Ungarn. Um ins Wasser gehen zu können, hatte man einen Steg gebaut, der ins Wasser führte, an dessen Ende aber senkrecht eine Leiter angebracht war. Ich wollte schwimmen und lachte, als ich sah, wie aufgeregt der Hund mir folgte, und dachte: Heute kann ich ohne Belästigung schwimmen, der Hund kann ja nicht um die Leiter herumturnen wie ich. Als ich schon an der Leiter hing und mich dann rücklings ins Wasser fallen ließ, sah ich im Fallen, dass der Hund sich nicht abhalten ließ: wie ein Zirkusakrobat machte sie sich dünn und noch schlanker als sie ohnehin war, sprang durch das oberste Rechteck der Leiter hindurch mir nach. Ich konnte nur noch die Hände vor das Gesicht halten, um zu verhindern, dass sie mir mit den Pfoten in die Augen springen könnte. Es ist nichts passiert, aber der Hund hatte wieder gewonnen!

Noch eine Erinnerung: Ich streifte unterhalb eines Heurigenlokals und oberhalb des Kahlenbergerdorfes mit Pamina durch hohes Gras. Hinter mir der Hund. Aber plötzlich war Pamina weg, ich konnte sie nirgendwo sehen und auch nicht hören. Ich dachte mir: Das ist unmöglich und begann zu suchen. Da entdeckte ich eine kleine, von Pflanzen überwucherte, mit Steinen aufgemauerte Zisterne, die ich vorher nicht gesehen hatte, weil sie zu dicht zugewachsen war. Und da war mein Hund hineingefallen und konnte, wie ich sofort erkannte, aus eigener Kraft unmöglich herauskommen. Zwar war die Zisterne nicht tief, schien am Boden aber schlammig und sumpfig zu sein, der Hund hätte nicht abspringen können. Sollte ich hineinsteigen? Würde ich vielleicht einsinken, selbst nicht mehr herauskommen können? Aber irgendwie musste es sein und so versuchte ich es. Mit der Hand konnte ich den Hund gerade noch erreichen. Ich legte mich auf den Bauch an den Zisternenrand, packte den Hund am Nackenfell, ähnlich wie es Tiermütter mit ihren Jungen machen, und drehte mich mit einem Schwung, den ich im Judo gelernt hatte, und holte so meine Pamina wieder auf den trockenen Boden zurück. Beide gerettet, sie und ich!

Noch einmal war der Hund in Gefahr: Ich war mit meinem Surfbrett an einem kleinen, verhältnismäßig flachen See in Ungarn, es wehte ein steifer Wind und das Wasser war entsprechend bewegt, und voller Wellen. Der Hund wollte mir unbedingt nachkommen, aber dann sah ich, wie er mit den Wellen schwer zu kämpfen hatte. Um nicht zu riskieren, dass er ertrinkt, drehte ich um und holte ihn. Es war in einem See ähnlich dem Neusiedlersee, also eher seicht, sodass es auch für mich nicht zu schwer war, den Hund wieder sicher ans Land zu bringen. Gut gegangen, aber den Kampf gegen die Wellen hätte der Hund vielleicht verloren, weil er ja nicht stehen konnte wie ich!

Ortswechsel: Der Hund begleitete mich und einen Freund auf einer winterlichen Wallfahrt nach Maria Zell. Wir gingen, teilweise mit Schneeschuhen, über Wiesen und durch die Wälder! Der Hund liebte den Schnee, aber er ging auch in den eisigen Bach hinein, der unseren Weg begleitete. Dass das eisige Wasser ihn nicht störte, begriff ich an dem Tag, an dem ich sein Fell studierte: Zwei Schichten Haare, das kalte Wasser erreicht vor allem wegen der zweiten Schicht, die Haut so gut wie nicht. Mit einer Ausnahme: Wenn mein Hund im Hochsommer bei großer Hitze in der Nacht zu hecheln anfing, nahm ich ihn und duschte ihn kalt in der Badewanne, wobei ich das kalte Wasser mit der Hand vor allem am Bauch in das Fell hineinrieb. Dann wurde er ruhig und schlief wieder gut weiter und ich auch. Aber ich weiß noch, wie auch mein Freund diese Hunde-Begleiterin schätze, übrigens auch die „Jugend für das Leben", auch auf ihrem „Marsch für das Leben" ging sie mit. Da konnte ich den Hund zur Freude der Jugendlichen gut mitnehmen!

Übrigens konnten auch Wespen sein Fell nicht durchdringen. Einmal überfielen sie den Hund, weil Wespen ihr Nest in einem Holzstoß gebaut hatten, und der Hund angefangen hatte, nach ihnen zu schnappen. Da kamen sie in großer Zahl heraus und griffen uns beide an. Ich lief schnell genug aus der Gefahrenzone. Den Hund konnten sie nur an der Schnauze stechen, das Fell schützte auch gegen Wespen. Wie die Wespen tief drinnen im Nest informiert wurden von dem Angriff von außen, ist mir bis heute rätselhaft. Aber wie auch immer, ich war in Sicherheit und zog ich mich so schnell es ging noch weiter zurück. Natürlich mit dem Hund. Der Kampf mit den Wespen war vorbei, ich wischte Wespen, die auf ihrem Fell noch saßen ab, Pamina leckte sich nur noch kurze Zeit die Schnauze und die Lippen, in die die Wespen offenbar gestochen hatten.

Zur Anatomie meines und wohl jeden Hundes auch noch dies: Einmal wollte ich wissen, warum Pamina Knochen zerbeißen kann, ohne sich zu verletzen. Ich griff in sein Maul und tastete den Rachen ab: Da fand ich die Lösung: Weil der Rachen verknöchert ist und sie dort kein zartes Fleisch hat wie wir Menschen. Und dass ich meinem Hund ohne Risiko ins Maul greifen konnte, wusste ich auf Grund einer anderen Erfahrung: Beim Spielen hatte sie einen kleinen Zweig glatt durchgebissen und dieser steckte jetzt zwischen den Zähnen. Verzweifelt, aber natürlich vergebens, suchte der Hund das eingeklemmte Holz mit der Zunge herauszukriegen. Als ich begriffen hatte, was das Problem war, griff ich ein. Buchstäblich „ein" bzw. „hinein" ins Hunde-Maul. Ich dachte nur, sie könnte ohne Absicht schnappend meine Finger verletzen, aber ich erwischte das eingeklemmte Holz und zog es heraus, ohne Probleme und unverletzt. Ich glaube, der Hund war nur dankbar dafür, endlich erlöst zu sein.

Übrigens, der Hund war auch „fromm". In meiner kleinen Kapelle durfte er manchmal, vor allem wenn niemand dabei war, hinten liegen. Er hat mich kein einziges Mal gestört durch vorlaufen oder gar bellen. Das war auch bei

Vorlesungen in Heiligenkreuz so, da bellte er nur zum Schluss, wenn die Studenten klatschten. Nur einmal, bei einer Prozession, war es anders: Freunde hatten sich den Hund ausgeliehen für ihren Spaziergang und gingen oberhalb unserer Prozession durch die Weinberge. Als der Hund aber meine Stimme hörte, ließ er die ihm ohnehin fremden Leute stehen, lief zu mir und begrüßte mich stürmisch. Die Leute lachten und ein Freund nahm sich des Hundes an bis zum Ende der, dann ungestört würdigen, Prozession.

Noch eine heitere Erinnerung:

Eines Tages rief mich eine Frau an und forderte mich auf, in den Keller des Pfarrhauses zu gehen. Neugierig geworden ging ich und fand ausgerechnet in einem Kinderwagen unter den vielen Sachen, die für die Rumänienhilfe eingestellt worden waren, eine verletze Katze mit vier Katzenbabys. Später erfuhr ich, wer die „Täterin“ war, die die Katzenmutter bei mir abgegeben hatte. Naja, ich brachte die Katze zum Tierarzt wegen ihrer Wunde, wahrscheinlich von einem Luftdruckgewehr verursacht. Und natürlich behielt ich sie bei mir. So war ich auch Vater einer Katzenfamilie geworden. Nach anfänglichen Jagden durch die Wohnung fanden Hund und Katz bald ein friedliches Miteinander. Später kam die Zeit in der sie miteinander kuschelten.

Vor allem Kinder meldeten sich, um meine Katzen zu besichtigen und zu streicheln. Aber das schätzte die Katzenmutter nicht und tat, was Katzen in einem solchen Fall machen: Sie brachte wenigstens eines ihrer Katzenkinder in Sicherheit. Ich merkte nur, dass eines fehlte, und begann, mir Sorgen zu machen. Aber wie das kleine Tier finden? Ich dachte: Wenn ich seiner Mama nachgehe, finde ich das Junge. Nur, nachgehen war unmöglich, die Katze war viel zu schnell. Da band ich ihr einen Strick um den Hals wie das Halsband eines Hundes. Nur: als ich so mit ihr in den Garten ging, damit sie mich zu ihrem verlorenen Jungen hinführen sollte, kletterte sie blitzschnell auf den ersten Baum. Dort konnte das Katzenbaby wirklich nicht sein, also zog ich die Katze herunter und wollte sie von dem Strick befreien. Das tat ich auch, aber sie biss mich blitzschnell in den Daumen. Der Nagel schützte mich zwar, aber nur oben, auf der Unterseite des Daumens, bekam ich ihre scharfen Zähne zu spüren! Na ja, nicht so schlimm, weil es nicht eiterte und mich nichtübermäßig schmerzte. Aber auf jeden Fall erfolglos.

Dann hatte ich die rettende Idee: Ich nahm den Hund an die Leine und ging in den genannten Keller, der wie ein langer Gang war, links und rechts waren Schachteln mit Spenden für Rumänien aufgetürmt. Ich blieb an der Tür stehen, zu meinen Füßen wedelte der Hund spielerisch und zerstreut, sozusagen, mit dem Schwanz. Da hörte ich ein kleines, ganz schwaches Miauen – eine Katze also, aber von wo genau kam dieser Ton? Aber das kleine Miau hatte den Hund schlagartig verändert: Pamina stand jetzt ganz ruhig, jeder Muskel schien angespannt zu sein, ihre Ohren hatte sie aufgestellt wie ein Schäferhund das eben kann, und die Ohren bewegten sich wie ein suchendes Radar. Ich löste sie von der Leine, und sie rannte ohne zu Zögern und ohne Umwege zu einer Stelle in der langen Schachtelreihe. Ich hinten nach, ich beugte mich darüber und sah die Mutterkatze sitzen. Ich hob die Schachtel weg und konnte jetzt tiefer in die Schachtelburg hineinschauen: Wie in einer tiefen Spalte sah ich unten am Boden die kleine Katze. Sie wäre dort verhungert, auch ihre Mutter konnte nicht hinunter. Aber ich! Ich räumte alle Hindernisse weg, nahm sie und trug sie in den Katzenkorb zurück. Dann verschloss ich die Türe so, dass die Mutterkatze ihr Junges nicht nochmals forttragen konnte. Also gerettet! Aber ohne den Hund und seine Fähigkeit, genau zu orten, woher das Miau gekommen war, hätte ich die Katze wohl nie mehr gefunden. Gott sei Dank, und Dank dem Hund, den Gott mit solchem Können ausgestattet hat!

Auch Hunde altern. Bei Pamina entdeckte die Ärztin schon sehr früh Knoten am Gesäuge, die sie als bösartig diagnostizierte. Machen im Sinn einer Heilung konnte sie nichts. Es vergingen, Gott sei Dank, noch viele glückliche Jahre ohne Beschwerden. Irgendwann aber fing es an. Mit den Hinterläufen sackte sie manchmal und dann immer öfter ein. Zu Rate gezogene Tierärzte gaben eine Spritze und schüttelten nur den Kopf. In dieser Zeit hatte ich zwei Erlebnisse mit dem Hund, die zeigten, dass es wohl bald zu Ende gehen würde.

Das erste Erlebnis hatte ich bei einer Wanderung in Italien, bei der der Weg zwar nicht sehr steil, aber doch nach oben ging. Da fiel mir auf, dass der Hund nicht, wie gewöhnlich, vorauslief, sondern hinter mir ging. Ich drehte mich um. Pamina war vielleicht zehn Meter hinter mir, blieb sofort stehen und schaute mich so traurig an als ob sie sagen wollte: „Natürlich wollte ich mit dir gehen, aber jetzt kann ich nicht mehr, bitte drehen wir doch um.“ Natürlich, keine Frage, ich brach meinen Spaziergang ab und ging zurück, auch etwas bedrückt.

Als ich zurück in Österreich war, hatte ich ein zweites Erlebnis dieser Art. Der Zustand von Pamina hatte sich verschlechtert, zum Beispiel: Damit sie Wasser lassen konnte, musste ich sie im Zimmer aufheben, hinaustragen und vorsichtig auf den Boden setzen. Pamina war eine Schäferhündin und ich kräftig genug. Als ich, wie es meine Gewohnheit war, kurz danach einen kleinen Ausflug in den steilen Wald gegenüber des Hauses begann, ließ ich den Hund zurück und versuchte gar nicht, ihn mitzunehmen. So stieg ich den steilen Hang hinauf. Plötzlich hörte ich hinter mir ein kleines Geräusch, ein Rascheln, dem ich zuerst keine Bedeutung beimaß. Als es aber nochmals raschelte, drehte ich mich um und sah: Der Hund hatte mit letzter Kraft versucht, mir nachzukommen. Seinen Blick kann ich nicht vergessen: ein tief trauriger, wehmütiger Blick. Ich war glücklicherweise noch nicht weit gegangen und kehrte mit dem Hund sofort zurück. Dann fuhr ich zu einer Tierklinik in Leoben. Da kam ich endlich zu einem wirklich sehr guten Tierarzt, der den Hund mit einer Feinfühligkeit untersuchte, wie ich sie noch nie erlebt hatte. Er zeigte mir, wo und wie stark die Hinterläufe geschwollen waren und sagte mir nach einer Röntgenuntersuchung: „Ich kann den Hund nicht mehr retten. Wenn Sie wollen, lassen Sie ihn gleich bei mir! Aber wenn Sie nichts machen, wird der Hund in zwei oder drei Tagen ersticken." Ich wusste, was das hieß. Natürlich nahm ich meine Pamina nochmals mit nach Hause. Diese Tage war ich allein im Haus. Ich tat alles für den Hund, ich streichelte ihn und erklärte ihm meine Liebe. Am nächsten Tag überlegte ich, wo ich ihn begraben konnte, ohne das Wasser zu verunreinigen. Und dann machte ich das Grab. Der Hund lag fast neben mir und schaute mir zu, wie ich grub. Ich hatte schon entschieden, so sehr ich es ihr gegönnt hätte, einfach nur einzuschlafen, aber ersticken lassen wollte ich sie nicht. Als das Grab tief genug war, rief ich einen Tierarzt aus der Umgebung an. Er kam und gab ihr die erlösende Spritze. Ich zahlte und schickte ihn weg. Ich wollte nicht, dass er mich weinen sieht. Aber ich weinte. Dann schaufelte ich das Grab zu und spürte den Schmerz des Alleinseins. Meine Pamina war für immer von mir gegangen. Später setzten wir noch Blumen auf ihr Grab.

Verstehen Sie jetzt, lieber Leser, dass ich mir wünsche, dass ich meine Pamina im Himmel wiedersehen kann? Vielleicht doch? Gott wird es sicher richtig machen wie alles, was Er tut, auch mit seinen, auch von ihm und von uns geliebten Tieren.

Der Schutzengel und das Kalb, das nicht trinken wollte.

Jetzt erzähle ich eine kleine, wahre Geschichte aus Tirol.

Wenn mein Vater uns Kindern Geschichten erzählte, fragten wir Kinder immer: „Ist die Geschichte wahr?“ So sage ich meinen Lesern gleich jetzt: Die Geschichte vom Schutzengel und dem Stierkalb ereignete sich November 2016 in Tirol, die Bäuerin selbst hat sie mir erzählt. Und das war so:

Es war einmal eine Lieblingskuh des Bauern, die wieder einmal gekalbt und einen kleinen, kräftigen Stier geboren hatte. Alle freuten sich, aber dann stellte sich heraus: Trotz des prall gefüllten Euters seiner Mutter trank der Kleine nicht, und der Bauer begann zu fürchten, das Tier könnte verhungern und eingehen! Ich weiß nicht, was ein Bauer in einem solchen Fall macht und wie er in einer solchen Lage zu helfen versucht. Fest steht: Nichts nützte! Verärgert gab er auf und schickte seinen Sohn. Aber auch der Sohn, längst bestes vertraut mit den Rindern, versuchte es mit seinen Tricks, aber auch er scheiterte, der kleine Stier widerstand allen Ermunterungen und saugte nicht! Auch die Bäuerin wurde unruhig und ging in den Stall. Während der Sohn sich immer noch mühte, sagte sie plötzlich: „Ich werde meinen Schutzengel bitten zu helfen!“ Was der Bauer und sein Sohn dachten, als sie das hörten, weiß ich nicht, wahr aber ist: Fünf Minuten später begann der kleine Stier zu trinken, wollte nicht mehr aufhören und war gerettet. Inzwischen habe er sich, erzählte man mir neulich, zu einem kräftigen munteren, gesunden Tier entwickelt!

Haben denn auch Tiere einen Schutzengel, fragte mich ein Freund, dem ich die Sache erzählte. Vielleicht doch auch, sagte ich, aber der Schutzengel, der als geheimnisvoller Freund mein Leben begleitet und mich schon oft beschützt hat, warum soll er nicht uns Menschen manchmal auch dadurch helfen können wollen, indem er einem unserer Tiere hilft? Sie glauben das nicht? Ich glaube es und danke dem Schutzengel, der dem kleinen Stier zum Leben verholfen hat. Und außerdem, wenn Sie es nicht glauben und meinen Glauben belächeln: fragen Sie Ihre Kinder! Da werde ich viel Zustimmung bekommen! Und Ihnen zu lachen verbieten will und könnte ich ohnehin nicht! Und noch etwas: Merken Sie, dass man die Geschichte auch als Gleichnis verstehen kann: Gott liebt seine

Menschen, Er will ihnen zum Leben verhelfen und schickt Seine Boten und Helfer! Das Euter der Kuh könnte dabei wie die Kirche sein, der Bauer und sein Sohn die Bischöfe und Priester. Für die Bäuerin hätte ich die Rolle der Muttergottes noch frei! Der Stier? Das wären wir, die wir die nährende Gottesnahrung in Sakrament und Wort verweigern. Wir Menschen als Rindviecher? Jesus hat uns mit Schafen verglichen, auch nicht viel ehrenhafter, oder? Schaf oder Rind, es gibt keinen Grund, beleidigt zu sein, zumal Gott bei der Erschaffung der Welt auch sehr zufrieden war mit Seine Tieren, die Er erschaffen hatte, nicht nur mit uns Menschen, auch mit den Rindern und Schafen! Also ich bleibe dabei: Der Schutzengel hat dem Stier geholfen! Eine schöne kleine und wahre Geschichte, ob Sie es glauben oder auch nicht.

Der Adler, den ein Mann zu einem Huhn machen wollte

Es war einmal ein Mann, der einen jungen Adler fing. Zuerst wusste er nicht recht, was er mit dem ihm unbekannten Vogel machen sollte, aber dann dachte er sich: „Er ist noch so jung und biegsam. Ich werde aus ihm ein Huhn machen." Heute, in den Jahren nach 2000, würde man denken: Der Mann war ein Anhänger der verrückten Gender-Idee, die behauptet, man könne sogar Kinder so erziehen, wie man will, damit sie anders werden als sie sind. Jungen zu Mädchen, und Mädchen zu Jungen machen. Die Geschichte zeigt, das geht nicht, erst recht nicht bei Tieren.

Also, die Geschichte geht so: Zur Vorsicht befestigte der Mann eine schwere Kugel an einem Fuß des Vogels, um ihn am Wegfliegen zu hindern. Dann setzte er ihn in den Hühnerstall. Tagelang saß der Adler traurig in einer Ecke. Immer wieder versuchte er aufzufliegen, aber das Gewicht der Kugel hinderte ihn daran. Wenn ihm die Hühner zu nahekamen, hieb er nach ihnen mit seinem starken Schnabel, aber da er sich ja kaum bewegen konnte, entkamen sie ihm immer wieder. Vom Hunger getrieben und vom Beispiel der anderen Tiere angeleitet, begann der unglückliche Adler schließlich doch, Körner zu picken wie ein Huhn. Die Zeit verging, und der Adler begann zuerst unmerklich, dann immer deutlicher, sich wie ein Huhn zu benehmen. Der Besitzer des Hühnerstalls lachte selbstzufrieden: „Er hat vergessen, dass er kein Huhn ist, er wird nicht einmal den Versuch machen zu fliehen." Wenn Leute zu Besuch kamen, machte er sich ein Vergnügen daraus, den unglücklichen Adler herzuzeigen: „Ich habe aus ihm ein Huhn gemacht", sagte er, warf ihm Körner hin und lachte verächtlich, wenn der Adler versuchte, sie mit seinem dafür wenig geeigneten Schnabel aufzupicken.

Eines Tages aber kam ein Fremder, sah den Adler und sagte zu dem Besitzer: „Das ist ja ein Adler!" Aber der andere schüttelte den Kopf: „Das war einmal ein Adler, jetzt ist er ein Huhn." Der Fremde aber, bestürzt über die Verbildung des prachtvollen Tieres, beschwor den Mann, ihm den Adler doch zu verkaufen. Dieser wollte zuerst nicht, aber, da ihn das Geld doch lockte, siegte schließlich die Verlockung der hohen Summe, die der Fremde bot, über das Vergnügen, das ihm der erniedrigte Adler bereitete, und er willigte ein.

Behutsam befreite der Fremde den Adler von seiner Kette mit der Kugel und trug ihn aus dem Hühnerstall hinaus. Mit raschen Schritten entfernte er sich von dem Ort der Gefangenschaft und Entfremdung seines Adlers. Von dem Gegacker der Hühner hörte man bald nichts mehr, und der Fremde stieg mit dem Adler auf dem Arm einen Hügel hinauf. Oben angekommen setzte er ihn auf den Ast eines Baumes und sprach eindringlich zu ihm: „Breit deine Flügel aus, du bist kein Huhn, sondern ein Adler!“ Der große Vogel flatterte unruhig hin und her, dann aber ließ er sich zur Erde gleiten und begann zu gackern - wie ein Huhn, das nach Körnern und Würmern sucht.

Der Fremde aber gab nicht auf: Tag für Tag kam er, immer wieder versuchte er, den Adler von seinem Hühnerverhalten zu befreien. Manchmal schlug der große Vogel mit seinen Krallen und seinem scharfen Schnabel nach dem Mann, dessen Bemühungen ihm lästig zu sein schienen. Aber dieser ließ nicht locker und ersann immer neue Wege, um den Adler zu seinem Adlersein zurückzubringen.

Schließlich trug er den Adler auf einen noch viel höheren Berg, zeigte ihm die soeben über den Nebeln des Tales aufsteigende Sonne und rief beschwörend: „Du bist ein Adler, erkenne deine Würde - flieg“! Da ging ein leises Beben durch das wunderbare Tier. Unruhig drehte der Adler seinen Kopf hin und her, und begann, seine Flügel auszubreiten. Als der Mann ihm schließlich mit einer leichten Bewegung des Armes einen letzten Anstoß gab, stieß der Adler einen triumphierenden Schrei aus, breitete seine gewaltigen Flügel ganz aus und ließ sich in den Abgrund vor ihm hinausgleiten. Zunächst verlor er noch an Höhe und sank talwärts entlang der Felsen. Dann aber schien er sich zu besinnen und mit kraftvollen Schlägen seiner Flügel stieg er höher und höher der Sonne entgegen.

Der Fremde stand immer noch am Gipfel des Berges und schaute seinem Adler nach. Zwar hatte er sich noch immer nicht ganz von der Anstrengung, den großen Vogel auf den Berg zu tragen, erholt, aber jetzt war alle Mühe vergessen: Mit Tränen in den Augen schaute er dem Adler nach, solange es irgendwie möglich war. Erst als der Adler sozusagen im gleißenden Licht der Sonne endgültig verschwunden war, begann er den Abstieg. Aber den Schrei des Adlers, der wieder ein Adler war, und das Bild seines Fluges in das Licht der Sonne hinein vergaß er nicht und ein Gefühl tiefer Dankbarkeit für das, was er hatte tun und erleben dürfen, erfüllte ihn.

(Nacherzählt, Verfasser unbekannt.)

Der Fisch, der aus dem Wasser sprang

Es war einmal ein junger Fisch, der an einem herrlichen Riff im Meer lebte, zusammen mit vielen anderen Fischen, die ebenso glücklich waren wie er. Das Wasser war klar bis zum Grund, und wenn die Sonne schien, leuchteten auch die Fische in wunderbaren Farben. Gefahren gab es fast keine, außer wenn einer der Wirbelstürme aufkam, die es in dieser Gegend immer wieder gab. Wenn sich ein Fisch nämlich der Wasseroberfläche zu sehr näherte, konnte es geschehen, dass die rasende, um sich kreisende Luft mit dem Wasser den einen oder anderen Fisch hochriss und irgendwo wieder fallen ließ. Der Weg zurück war, wenn er überhaupt irgendwie gelang, oft mühsam, obwohl man in einem solchen Fall nur noch von Glück und Segen sprechen konnte. Denn wenn der Wind seine Beute erst über dem Land wieder freigab, gab es normalerweise keine Rettung mehr, und so mancher vorwitzige Fisch war auf diese Weise elend zugrunde gegangen oder wurden leichte Beute von Vögeln. So jedenfalls erzählten es die Alten.

Auch unser Fisch, von dem ich euch hier erzählen will, hatte von dieser Gefahr schon öfters gehört, er wusste darum und zog sich daher immer, wenn der Sturm aufkam, in tiefere Schichten des Wassers zurück. Allerdings, unleugbar kitzelte ihn auch die Neugier, wie es denn „dort oben" eigentlich sei. Seine Eltern sagten zwar, ein Fisch würde dort unweigerlich sterben, aber - wer weiß, ob das wahr ist? Manchmal schon hatte er versucht, sich aus dem Wasser zu schnellen und mit seinen Augen möglichst viel zu erhaschen von dieser anderen, fremden Welt. Aber natürlich war ein solcher Ausflug nur kurz, und er spürte nicht, wie gefährlich es für einen Fisch wäre, längere Zeit außerhalb des Wassers zu sein. Er fiel ja doch in das vertraute Element zurück, und so blieben seine Fragen offen und seine Träume ohne Erfüllung.

Eines Tages kam wieder Sturm auf. Unser junger Fisch war an diesem Tag sehr unglücklich, weil man ihn nicht beachtete und in einer beleidigenden Weise übergangen hatte. Zuletzt war er tief gekränkt fortgeschwommen. Aufgebracht wie er war, überließ er sich absichtlich der immer stärker werdenden Unruhe des Wassers und ließ sich nach oben treiben. Da kam ihm der Gedanke, die Oberfläche mit Hilfe des Sturmes zu durchbrechen. Dann, ja dann würde er den anderen schon zeigen, wer er eigentlich war, und sie müssten verstummen! Trotzig schwamm er jetzt bewusst nach oben in das schäumende Wasser der

Wellen, das ihm mehr und mehr die Sicht raubte. Natürlich hatte er auch Angst, und eine Stimme warnte ihn. Er aber schob alle Bedenken beiseite und redete sich ein, dass die Gefahr nicht groß sein könne - war er nicht immer wieder ins Wasser zurückgefallen?

Als ihn der Wirbel voll erfasste, war es zu spät. Seine Flossen, auf deren Kraft er sich immer so viel eingebildet hatte, waren machtlos, und sein Körper wurde mitgeschwemmt wie ein Stück Holz. Plötzlich spürte er eine rasende Bewegung nach oben, panische Angst raubte ihm fast die Sinne, aber er konnte nichts mehr tun und nichts mehr an seinem Schicksal ändern: Die entfesselte Kraft der Sturmes trug ihn davon, weit hinein ins Land und erst dort begann der Wind nachzulassen. Der unglückliche Fisch stürzte und stürzte, bis er irgendwo aufschlug und das Bewusstsein gänzlich verlor.

Aber er hatte Glück im Unglück: Zwar fiel er in eine felsige, dürre Gegend und wäre dort unfehlbar verendet, aber mit ihm hatte der Sturm auch Wasser mitgetragen, und dieses füllte nun die kleine Mulde, in die er gefallen war. Er konnte sich zwar kaum bewegen, und von Schwimmen konnte keine Rede sein, aber immerhin - er lebte.

Da die Küste des Landes, in das der Fisch auf diese eigenartige Weise gekommen war, steil zum Meer abstürzte und zerklüftete Felsen den Zugang zum Wasser für Menschen äußerst gefährlich machten, war der Fischfang bei den Menschen jener Gegend ziemlich unbekannt, ja, die Menschen wussten über Fische kaum Bescheid. Nur wenn sie in einem der Wasserlöcher, die durch unterirdische Höhlen vom Meer her mit Wasser gespeist wurden, zufällig einen Fisch entdeckten und ihn fangen konnten, ließen sie ihre Fachleute kommen, die das fremde Tier dann nach allen Regeln ihrer Kunst zu untersuchen pflegten und dafür auch berühmt wurden. Das aber kam selten vor, denn soweit sie konnten, hatten sie die ihnen gefährlich scheinenden Wasserlöcher zugemauert.

Zufällig entdeckte ein Bewohner des Landes unseren Fisch und staunte über dieses eigenartige Lebewesen, von dem er schon gehört, dass er aber noch nie mit eigenen Augen gesehen hatte. Nachdem seine erste Neugier gestillt war, prägte er sich den Fundort ein und eilte in die Stadt, um die zuständigen Behörden zu verständigen.

Inzwischen lag der Fisch in seiner Pfütze. Von Zeit zu Zeit zappelte er und versuchte hochzuschnellen. Ja einmal hatte er auf diese Weise sogar das Wasser verlassen und nur weil er sich in seiner Todesangst wie wild hin- und hergeworfen hatte, gelangte er in die rettende Wassermulde zurück. Jetzt war er zwar dankbar für das wenige Wasser, das ihn nun ein zweites Mal rettete, aber, da er die Hoffnungslosigkeit seiner Lage zu ahnen begann, bemächtige sich seiner eine tiefe Verzweiflung. Voll brennender Sehnsucht dachte er an sein Riff, an all seine Freunde und das herrliche, endlose Wasser dort, das er wohl nie, nie mehr sehen würde!

Es dauerte nicht lange, da kam eine Delegation zum Fundort des Fisches. Tierärzte und Verhaltensforscher, Psychologen, Dompteure und Leute, die die Fischsammlung im Museum betreuten, kurz, alle möglichen Fachleute, oder solche, die sich dafür hielten wurden herbeigeholt. Sie fotografierten und untersuchten das Gelände, vermaßen die Länge des Fisches und begannen, über sein merkwürdiges Zappeln zu diskutieren. Ein Schafhirte meinte, das Tier sei wohl nur hungrig, während ein anderer behauptete, die Flossen seien Missbildungen und sollten am besten abgeschnitten werden. Währenddessen versuchte ein Apotheker dem Fisch kurzerhand ein Beruhigungsmittel ins Maul zu stopfen. Auf den Vorschlag eines anderen Fachmannes hin legte man dem unglücklichen Fisch eine Schiene an, gedacht als orthopädisches Korsett gegen sein Zappeln, das den Leuten krankhaft zu sein schien.

So probierte man das eine und das andere Mittel aus, aber nichts schien zu helfen. Im Gegenteil, die Zeit verging, und dem armen Tier ging es immer schlechter und schlechter, zumal das Wasser in der Mulde langsam, aber doch merkbar verdunstete. Die Todesangst des kleinen Fisches wuchs ins Unermessliche. Da es inzwischen schon spät geworden war, beschloss die wissenschaftliche Delegation, die Beratungen zu vertagen und alle gingen heim. Nur der Fisch, dem all die gutgemeinten Untersuchungen zusätzliche Schmerzen verursacht hatten, blieb allein in seiner verzweifelten Lage zurück.

Doch es stellte sich bald heraus, dass er doch nicht ganz so einsam war. Denn einige Kinder aus der Umgebung schlichen noch immer um den Fisch herum und hatten Mitleid mit ihm. Beim Zuschauen, was die großen Leute mit dem Fisch alles machten, hatten sie ein tiefes Unbehagen empfunden. Jetzt standen sie um ihren kleinen Freund - als solchen empfanden sie ihn schon - herum und setzten auf ihre Weise die Beratungen der Erwachsenen fort. Da auch sie nicht wussten, was man tun könnte, liefen sie zu ihrem Freund, einem alten Mann, der ziemlich einsam, in einer nahegelegenen Hütte lebte.

Die Leute von der Stadt misstrauten ihm und wollten mit ihm nichts zu tun haben. Aber die Kinder liebten ihn. Er hatte ihnen schon viele wunderbare Geschichten erzählt und sie gelehrt, manche Geheimnisse der Natur zu entdecken. Atemlos kamen sie nun zu ihm und sprudelten heraus, was geschehen war. Es dauerte eine Weile, bis der alte Mann alles verstanden hatte. Gerührt über ihr Mitleid mit dem armen Tier beeilte er sich, ihnen zu erklären: „Das Tier, das ihr gefunden habt, ist ein Fisch. Er ist geschaffen für das Wasser. Nur dort kann er leben und sich bewegen, nur dort ist er glücklich."

Da die Kinder oft in dieser Gegend spielten, kannten sie auch alle Felsen, Sträucher und jene unheimlichen, dunklen Höhlen, in denen im Rhythmus von Flut und Ebbe tief unten das Wasser gluckste. Aber sie verstanden: Dieses Wasser, das ihnen so unheimlich vorkam, war die Rettung für ihren Fisch. Schnell liefen sie zurück, ein Kind holte einen kleinen Kübel mit Wasser, ein anderer löste inzwischen vorsichtig die Schnüre, mit denen man den Fisch an die Schiene gebunden hatte, entfernte diese und schließlich legte ein dritter das fast schon besinnungslose Tier vorsichtig in den Kübel. Dann lief die ganze Schar mit ihrem Fisch zum Wasserloch. Vorsichtig, geradezu feierlich kippten sie das Kübelchen um. Sie waren stolz und glücklich, dem Fisch das Leben retten zu können, aber auch traurig, dass sie ihn schon wieder hergeben mussten. Plumps, da lag der Fisch im Wasser und schneller, als es seinen kleinen Wohltätern lieb war, entschwand er ihren Augen.

Mit unbeschreiblicher Freude schwamm der Fisch davon! Freilich, er spürte noch die Folgen der Untersuchungen. Besonders schmerzte ihn eine Flosse, an der einer der Wissenschaftler gezupft hatte, ohne dass der Herr selbst genau gewusst hätte, welche Erkenntnis oder Hilfe für den Fisch oder für die Wissenschaft er sich davon versprach. Aber diese Schmerzen nahm er jetzt gerne auf sich. Er war frei und wieder in der unermesslichen Weite des Meeres. Er begriff sein unglaubliches Glück! Mit tiefer Rührung dachte er an die Kinder! Sogar wenn er die rettende Höhle gekannt hätte, kein noch so gewaltiger Flossenschlag hätte ihn dorthin und ins Wasser bringen können! In tiefer, nie gekannter Dankbarkeit schwamm und schwamm er die gewaltigen Felsen entlang, die er ja alle kannte. Da sah er auch schon die anderen Fische. Kaum hatten sie ihn entdeckt, schoss der ganze Schwarm auf ihn zu und umkreiste ihn in unbändiger Freude.

Dass er jemals Sehnsucht nach der Welt außerhalb des Meeres gehabt hatte - wie war das möglich? Er konnte sich selbst nicht mehr verstehen. Aber es war auch nicht mehr wichtig. Ein tiefes Gefühl der Dankbarkeit stieg in ihm auf und vermischte sich in seinem Herzen mit einem nie gekannten Glück. Das kristallklare Wasser umgab ihn, wunderbare Farben leuchteten von überall her und die unergründliche Tiefe des Meeres zog ihn an. Er schwamm und schwamm und konnte sich an der Herrlichkeit des Meeres nicht satt sehen. Ihm war, als wäre das, was ihn umgab, nie endende Seligkeit.

Die Moral aus der Geschichte? Ich habe sie vor allem für Atheisten erfunden. Aber sie gilt für jeden Menschen!

Wie ein Frosch einen Menschen lehrte

Ein Frosch ist kein Mensch, darum hat er auch keine „Menschenrechte"! Aber auch er ist ein Geschöpf Gottes und so hat er auf seine Froschnatur hin auch eine Froschwürde und ein kleines Froschrecht auf Achtung! Der Mensch hat seinen Verstand nicht nur bekommen, um über die Tiere zu herrschen, sondern auch dazu, Gottes Weisheit in ihnen zu erkennen und nicht nur Antwort auf seine Frage zu finden, wozu sie ihm, dem Menschen, nützen könnten! Aber, und das zeigt die folgende, wahre Geschichte, ein Frosch kann mithelfen, dass Menschen klüger werden, und das war so:

Bei der Reinigung eines Teiches stand ein Arbeiter im Schlamm, und suchte, was in den Teich gefallen war, aber nicht in einen Teich gehört, zu entfernen. Wieder einmal bückte er sich, griff hinein und warf etwas hinaus an eine Mauer. Die Besitzerin des Teiches, die die Arbeiten von ihrem Zimmer aus gerade beobachtete, ging hinaus und fragte: den Mann: Was war das, was Sie hinausgeworfen haben, dorthin an die Mauer?" und dieser antwortete: „Nur ein Frosch!" und wollte weitermachen, aber die Frau unterbrach ihn und verwickelte ihn in ein Gespräch. Sie sagte: „Auch ein Frosch lebt, auch ihn hat Gott gemacht und ihm eine kleine Würde mitgegeben, ein solches Lebewesen sollte man so nicht behandeln, wie Sie das machen!" Der Mann wurde verlegen, dann aber verteidigte er sich: „Mich hat man auch so behandelt, noch nie hat mich jemand gut behandelt!" Und dann erzählte er: Sein jähzorniger Vater hatte die Mutter, eine Alkoholikerin, umgebracht und dann sich selbst getötet. Er selbst, der Arbeiter, war noch ein kleines Kind, als das alles geschah, und er wurde einer Familie zur Pflege übergeben. Aber gut war das nicht, er musste im Stall schlafen und der Hausherr missbrauchte ihn. Beklagte er sich bei der kontrollierenden Sozialarbeiterin, hieß es: „Du lügst ja immer!" und niemand glaubte ihm. Größer und stärker geworden, wurde er selbst auch gewalttätig und so kam er eines Tages ins Gefängnis. Jetzt hatte er seine Strafe verbüßt und zur Wiedereingliederung in die Gesellschaft hatte man ihm den Arbeitsplatz zugewiesen, wo er jetzt war, und da hatte er eben auch Arbeiten wie Teichreinigung zu verrichten! Und, so erzählte er weiter. Auch jetzt wurde er schlecht behandelt und schlecht bezahlt!

Die Frau glaubte ihm unter anderem, weil sie sah, wie schlecht ausgerüstet er zur Arbeit geschickt worden war, sie gab ihm und seinem Kollegen zu essen, gab ihnen trockene Socken und kochte, als die längst durchnässten Männer zu frieren begannen, heißen Tee. Zum Abschluss steckte sie beiden jungen Männern noch einen Geldschein zu! Als sie fertig waren, sagte der Mann, der den Frosch geworfen hatte, zu ihr: „Jetzt werde ich nie mehr sagen, dass mich niemand gut behandelt hat. Sie haben mich gut behandelt! Und ich werde nie mehr ein Tier so behandeln wie den Frosch, den ich an die Wand geworfen habe, das verspreche ich Ihnen."

Wer weiß, wie sein Leben weitergegangen ist, ein Keim der Hoffnung liegt in dieser kleinen Geschichte, die mit dem Frosch und seiner kleinen „Froschwürde als Geschöpf Gottes" begonnen hatte. Gut, dass Gott auch Frösche erschaffen hat, und das hat Er, und Gott selbst war zufrieden: Gott sah alles, was er gemacht hatte, und sah, dass es gut war.[158] Also auch der Frosch.

Auch diese Geschichte ist wahr, die Teichbesitzerin hat sie selbst erzählt.

---

158 Gen 1,21.

Der kleine Junge und die Krebse in der Sonne

Tausende kleine Krebse hatte das Meer ans Ufer gespült. Eine Zeit lang krabbelten sie noch munter herum, manche verirrten sich sogar in eine der vielen kleinen und auch großen Sandburgen, die die Kinder am Strand gebaut hatten. Manche Kinder freuten sich, stupsten sie oder warfen Sand über sie. Aber für die Krabben war das bald nicht mehr lustig! Denn die Hitze, die pralle Sonne und der Sand, machten ihnen mehr und mehr zu schaffen! Es wurde immer schwerer für sie, sich aus dem Sand zu befreien, zurück zum Wasser wollten sie, aber es war auch schwierig, fast ganz unmöglich für sie. Auch nur die Richtung zu erkennen war nicht einfach für sie! So lustig es war, ans Ufer geschwemmt zu werden, so schwer und schwerer wurde es für sie, den Weg zurück ins Wasser, in ihr geliebtes Meer, zu finden und zu bewältigen. Sie konnten nicht zurück, bewegten sich nur noch langsam und hilflos. Es war abzusehen, dass sie bald ganz liegen bleiben und in der erbarmungslosen Hitze der Sonne vertrocknen und sterben würden.

Ein kleiner Junge allerdings ging den Strand entlang und bückte sich immer wieder nach einem der Tiere und warf einen Krebs nach dem anderen mit großem Schwung ins Meer zurück. Jedem einzelnen schaute er nach und freute sich, wenn das Wasser ein wenig aufspritzte beim Eintauchen des Krebsleins in sein Element.

Ein Mann beobachtete den Jungen bei seinem Tun und als er verstand, was dieser tat, ging er zu ihm hin und meinte gönnerhaft: „Was machst du da, du kannst ja doch nicht alle zurückwerfen, es sind zu viele!“ Der Junge hielt kurz inne, und da er einen nächsten Krebs schon in der Hand hatte, warf er zuerst das Tier ins Meer und sagte dann zu dem Mann: „Ja, da hast du wohl recht, aber dem, schau wie es spritzt, dem hat es geholfen!“ Dann bückte er sich, nahm den nächsten Krebs und fuhr fort, kleine Krebse zu retten, indem er sie ins Meer warf.

Als der Mann abends nach Hause kam und sein Erlebnis seiner Frau und seinen Kindern erzählte, aber immer noch mit dem Unterton, das Bemühen dieses Jungen sei doch sinnlos gewesen, fielen ihm seine Kinder aufgeregt ins Wort und verteidigten den Jungen mit seinen Krebsen: „Natürlich hat er recht, das ist sehr lieb von ihm, die armen Krebse, die in der Sonne vertrocknet wären! Gott sei Dank hatte er wenigstens einige gerettet!“ Der Vater konnte jetzt nicht mehr anders als seinen Kindern recht zu geben! Die Kleinste hatte überhaupt Tränen in den Augen, als sie beim Gute-Nacht-Kuss ihre Mutter fragte: „Mama, was glaubst du, wie viele hat er wohl gerettet? Und könnte es nicht sein, dass sich einige Andere auch noch selbst gerettet haben?“ Während sie ihre Tochter noch küsste, sagte die Mutter: „Natürlich kann das gut sein, und außerdem, bedenke doch, Gott liebt auch die Tiere, die er gemacht hat, auch die Krebse, wir können auch sie ihm überlassen! Mach dir keine Sorgen mehr und schlafe jetzt! Der Junge war ein sehr guter Junge!“ Wenn es möglich wäre, hätte man gesehen, wie Gott auf alles, was an diesem Tag am Strand und dann zu Hause geschah, herabsah, lächelte und sich freute: über den Jungen, der die Krebse rettete, über die Kinder, die ihn verteidigten, über den Vater, der sich das sagen ließ und über das, was die Mutter sagte, und schließlich auch über die Krebse, die wieder im Meer schwammen! Wohin? Das weiß nur Gott!

Die Moral der Geschichte? Versteht jedes Kind und hoffentlich auch die Erwachsenen.

Der Pfarrer und seine Vögel

Eines Tages in der Osterzeit kam der Priester mit einem alten Vogelkäfig in die Kirche. Bevor er anfing zu predigen, stellte er den Käfig neben sich und begann, den Gläubigen zu erzählen, was er erlebt hatte: „Ich traf," begann er, „einen Jungen mit diesem Käfig, in dem drei Vögel saßen, zitternd, weil der Junge den Käfig immer wieder durch die Luft wirbelte, und weil es kalt war. Ich fragte ihn: Was hast du da? Er lachte: „Das siehst du doch, drei Vögel!" Ich, der Pfarrer, antwortete: „Und was willst du mit ihnen machen. Daraufhin er: „Ich nehme sie nach Hause und mach Spaß mit ihnen! Ich werde sie reizen, indem ich ihnen Federn ausreiße, bis sie aufeinander losgehen! Es wird lustig werden für mich!" „Und was machst du dann", fragte ich ihn: „Ich habe auch Katzen, denen gebe ich die Vögel, sie werden sie jagen und dann umbringen!" Ich war entsetzt und fragte den Jungen: „Was verlangst du für die Vögel?" Der Junge fragte erstaunt: „Warum wollen Sie sie haben, sie sind weder schön noch singen sie!" Ich sagte nur: „Wieviel, wieviel verlangst du?" Der Junge dachte wohl, ich sei verrückt, und sagte! „100 Euro!" Ich griff in die Tasche und gab ihm das Geld, der Junge lief lachend weg. Er hatte wohl ein gutes Geschäft mit mir gemacht. Dann nahm ich den Käfig, ging zu einer Wiese, öffnete die kleine Tür und klopfte ein wenig an das Gitter, damit die Vögel begriffen, wie ihnen geschah. Sie hüpften zur offenen Tür und flogen fort in ihre Freiheit!

Die Leute hatten aufmerksam zugehört, manche, das merkte man, waren sehr gerührt. Aber da begann der Priester wieder zu sprechen und sagte: „Jetzt erzähle ich euch noch eine andere, aber eigentlich ähnliche Geschichte, die ich mir ausgedacht habe: „Eines Tages sprach der Teufel mit Gott und sagte: Ich komme gerade aus dem Paradies, das du geschaffen hast, und habe die Menschen gefangen, alle! Ich habe ihnen eine Falle gestellt, und sie sind darauf hereingefallen, jetzt gehören sie mir! Gott fragte: „Und was willst du mit ihnen machen?" Der Teufel antwortete: „Ich werde mich vergnügen mit ihnen! Ich werde ihnen zeigen, wie man lügt, wie man sich scheiden lässt, wie man hasst und die anderen hereinlegt, wie man sich berauscht und auf Kosten anderer reich werden kann. Und ich zeige ihnen, wie man Bomben baut, um andere zu töten! Es wird sehr lustig für mich werden, und am Ende kommen sie alle zu mir in die Hölle. Dort quäle ich sie weiter in alle Ewigkeit." Da sagte Gott: „Was verlangst du für sie?" Der Teufel war verwirrt angesichts dieser Frage, dann aber sagte er mit höhnischem Grinsen: „Für die Menschen? Die wirst du nicht haben wollen! Sie sind böse geworden, ich habe sie dazu gemacht, und wenn du zu ihnen kommst und wenn du dich um sie kümmerst, werden sie auch dich hassen, dich anspucken, dich verfluchen und sogar töten!“ Aber Gott wiederholte: „Was verlangst du“? Der Teufel lachte mit bösen, spöttischen Augen: „Was ich für sie will? Das Blut Deines Sohnes!“ Gott sagte nur: „Einverstanden“ und dann zahlte er den geforderten Preis!“ Der Pfarrer schwieg, seine Gemeinde war ganz still geworden. Zuerst die Leute, dann auch der Priester, alle verließen ohne Worte die Kirche. Irgendwann später holte der Mesner den alten Käfig und entsorgte ihn.

Der Hase – gerettet wider Willen

Ein Freund und drei Junge ohne Familie machten einen Sonntagausflug. „Den fangen wir“, riefen die Jungen und versuchten, den Hasen einzukreisen. Was war geschehen? Während des Weges entlang eines Hafenbeckens an der Donau, sprang plötzlich ein Hase auf und rannte davon. Der Jagdtrieb der Jungen erwachte und sie liefen ihm nach, natürlich vergebens, aber in seiner Angst sprang das Tier, sich seiner Überlegenheit, die es im Laufen und Haken schlagen ja besaß, nicht bewusst, in das Hafenbecken, in dem, etwa drei oder vier Meter weiter unten, das Wasser gluckste, und schwamm ziellos drauf los, nur weg! Seine jugendlichen Verfolger begriffen mit einem Blick, dass der Hase verloren war: Wohin immer er schwimmen würde, nirgends konnte er zurück ans Land, senkrechte Betonwände machten das Becken für den Hasen zur Todesfalle, die Metallleitern waren für Menschen gemacht, für Tiere unnütz. Den Jungen begann der Hase leidzutun, aber wie sie ihm helfen könnten, wussten sie nicht! Aber da war doch Hilfe: Ihr Erzieher, der genannte Freund, ein Priester, ein guter Schwimmer und bärenstark. Der zögerte nicht und sprang, nur noch mit der Hose bekleidet, dem Hasen nach ins kalte Wasser!

Die Rettungsaktion erwies sich allerdings als schwieriger als gedacht! Abgesehen davon, dass der Hase schon weit geschwommen und das Wasser sehr kalt war: Der Hase meinte jetzt erst recht, er müsse um sein Leben schwimmen und kämpfen! Als ihn der Mann endlich eingeholt hatte und nach ihm griff, wehrte er sich verzweifelt. So traten die beiden ungleichen Schwimmer einen höchst mühsamen Rückweg an: Der Mann hielt mit einer Hand das strampelnde Tier fest, versuchte, nicht ganz zerkratzt zu werden und musste zugleich darauf achten, den Hasen nicht versehentlich unter Wasser zu drücken. Mit dem anderen Arm schwamm er mühsam zurück. Erschöpft erreichten so beide, Mann und Hase, die Leiter, aber an ihr hochzuklettern, mit einer Hand an der Leiter, mit der anderen den Hasen am Genick festhaltend, war nochmals eine athletische Leistung! Sprosse um Sprosse turnte der Mann, jetzt schon schwer atmend, nach oben, und erreichte den Rand des Beckens. Der Mann ließ den Hasen los, dieser sauste über die Wiesen davon, ohne das geringste Zeichen von Dankbarkeit, und verschwand im Gebüsch. Alle waren glücklich, der Priester war wieder da, der Hase gerettet, der Sonntagsausflug bekam das Prädikat super!

Nachsatz: „Die Moral aus der Geschichte“ deren Zeuge ich bin? Menschen benehmen sich gegenüber Gott oft wie der Hase, und Gott zu uns wie der Retter des Hasen! Erst glauben viele Menschen, sie könnten sich allein retten, dann schwimmen und rennen sie weg und halten den, der ihnen helfen will, für ihren Feind! Aber es ist genau umgekehrt. Wenn Gott uns packt, meint er es gut mit uns!

Der Wolf von Gubbio – der Wolf des heiligen Franziskus

Diese bekannte, schöne Geschichte erzählte Matthias Petzold in den den Fioretti des heiligen Franziskus: Auch wenn sie nicht wörtlich wahr ist, versteht man ihren tiefen, so gesehen wahren Sinn:

Der selige Franz, der gerade nach Gubbio kam, empfand Mitleid mit den Leuten, die ein hartes Leben hatten, unter anderem, wegen des großen Wolfes, der in der Gegend sein Unwesen trieb und den alle fürchteten. Franz beschloss, dem Wolf entgegenzutreten. Die Bürger sprachen zu ihm: „Hüte dich, Bruder Franz, über das Stadttor hinauszugehen: der Wolf, der schon viele gefressen hat, wird dich töten." Der heilige Franz aber setzte seine Hoffnung auf den Herrn Jesus Christus, und so schritt er, nicht mit Schild und Helm gewappnet, sondern unter dem Schutze des heiligen Kreuzzeichens, mit einem Gefährten vor das Stadttor und ging ohne Furcht dem Wolf entgegen. Und siehe, angesichts der vielen Menschen, die von erhöhten Orten aus zuschauten, rannte der schreckliche Wolf mit offenem Rachen auf den heiligen Franz und seinen Gefährten zu. Der selige Vater aber machte über diesen das Zeichen des Kreuzes, und die göttliche Kraft, die von ihm wie von dem Gefährten ausging, zähmte den Wolf: der hielt plötzlich inne. Franz rief ihn her und sprach: „Komm zu mir, Bruder Wolf! Im Namen Christi befehle ich dir, weder mir noch sonst jemandem Böses zu tun!" Und wunderbar, auf das Kreuzzeichen hin schloss das wilde Tier, den Rachen und, wie der Heilige ihm geboten hatte, kam es gesenkten Kopfes heran und legte sich gleich einem Lamm zu seinen Füßen. Als der Wolf so vor ihm lag, sprach der heilige Franz: „Bruder Wolf, du richtest viel Schaden in dieser Gegend an und hast schlimme Übeltaten verbrochen, da du Gottes Geschöpfe erbarmungslos umgebracht hast. Und nicht nur Tiere tötest du, sondern, was noch schlimmer ist, du wagst es, auch Menschen, nach Gottes Bilde geschaffen, umzubringen und zu verschlingen! Darum verdienst du, dass man dich als Räuber und bösen Mörder einem schrecklichen Tod überliefert. Alle klagen mit Recht über dich und sind dir böse, und die ganze Gegend ist dir feind. Aber jetzt, Bruder Wolf, will ich zwischen dir und den Leuten Frieden stiften. Es darf keinem mehr ein Leid von dir geschehen, und sie sollen dir alle vergangenen Missetaten erlassen, und weder Menschen noch Hunde sollen dich weiterverfolgen." Da gab der Wolf zu erkennen, dass er auf den Vorschlag einging, worauf der Heilige mit seiner Rede fortfuhr: „Weil du damit einverstanden bist, diesen Frieden zu schließen, verspreche ich dir: Ich will dir, solange du lebst, durch die Leute dieser Gegend deine tägliche Kost verschaffen. Du wirst keinen Hunger leiden müssen, denn ich weiß sehr wohl, du tust alles Schlimme nur vom Hunger getrieben. Aber du musst mir versprechen, dass du nie wieder einem Tier oder Menschen ein Leid zufügst. Versprichst du das?" Der Wolf gab durch Kopfnicken deutlich zu erkennen, dass er einverstanden sei, und legte dem heiligen Franz zum Zeichen seiner Treue seine Tatze in die Hand. Zuletzt sprach der Heilige: „Bruder Wolf, nun komm ohne Bangen mit mir zu den Häusern der Menschen, damit wir im Namen des Herrn diesen Frieden besiegeln!" Und der Wolf gehorchte und folgte dem heiligen Franz gleich einem sanften Lamme. Wie das die Leute sahen, waren sie aufs höchste verwundert und liefen alle, Männer und Frauen, Groß und Klein auf dem Marktplatz zusammen, wo sich der Heilige mit dem Wolf befand. Vor der Menge des Volkes sagte der heilige Franz: „Hört denn, meine Lieben, dieser Bruder Wolf, der vor euch steht, hat mir versprochen, dass er Frieden mit euch schließen will. Niemandem von euch wird er ein Leid antun, sofern ihr ihm versprecht, für seinen täglichen Unterhalt aufzukommen. Ich verbürge mich für Bruder Wolf, dass er den Friedensvertrag getreulich achten wird." Da versprachen alle Versammelten mit lautem Zuruf, sie wollten fortan den Wolf ernähren. Und der Wolf lebte noch einige Jahre und ließ sich von Tür zu Tür die Nahrung geben, ohne jemand ein Leid zu tun; und auch die Leute taten ihm nichts und fütterten ihn freundlich. Und sonderbar, nie bellte ein Hund gegen ihn. Zu Lob und Ehren des Herrn Jesus Christus!

Die Löwen des Daniel

Die Geschichte sollte bekannt sein: Wenn du sie nicht kennst, lies sie nach im Alten Testament[159]:

Der König hatte verboten, einen anderen als ihn, den König, anzubeten. Daniel aber gehorchte dem Befehl des Königs nicht, er betete weiter zu seinem Gott, dem wahren Gott, dem Gott der Juden, Das meldeten bestimmte Leute dem König und zwangen ihn mit geschickter Berufung auf seine eigenen Gesetze, den Daniel in die Löwengrube werfen zu lassen. Das war die übliche Weise, jemanden hinzurichten. Der König konnte nicht anders, er tat es ungern, aber doch. Daniel wurde in die Grube mit den Löwen geworfen oder vielleicht an einem Seil hinuntergelassen. Daniel vertraute trotz allem auf seinen Gott.

Aber jetzt geht es anders weiter, wie es nicht in der Bibel steht, wie ich es mir ausgedacht habe: Die Löwen – vielleicht drei oder vier? – liefen, hungrig, wie sie schon waren, zusammen und der Jüngste wollte sich sofort auf das neue Futter, den armen Daniel, stürzen. Doch der Chef des Rudels, ein Männchen mit prächtiger Mähne, rief: „Halt!" Ich hörte gerade noch, wie der König Daniel nachrief: „Möge dein Gott, dem du so unablässig dienst, dich erretten."[160] „Also will der König gar nicht wirklich, dass wir ihn fressen, sondern dass sein Gott ihn rettet? Wenn wir ihn fressen, ist sein Gott vielleicht auch auf uns böse, nicht nur auf den König. Besser nicht! Und außerdem: wir wollen doch wissen, warum man diesen Mann uns zum Fressen vorwirft." Die anderen Löwen waren ein wenig enttäuscht, aber es leuchtete ihnen ein, was ihr Anführer sagte, und sie ließen Daniel erzählen. Dieser sagte: „Ich diene dem Gott, der alles, auch euch Löwen, gemacht hat. Und ihm gehorche ich mehr als jedem König. Das ist doch auch euch klar, dass man das muss: Gott mehr gehorchen als jedem anderen Menschen! Ich habe darum zu meinem und eurem und seinem Gott gebetet, dem Gott aller Menschen und Tiere, obwohl es der König verboten hat. Mich hat er zu euch hinunterwerfen lassen. Ja, aber das hat der König nur gemacht, weil es ihm böse Menschen eingeredet hatten, dieselben, die mich verraten haben, haben den König gedrängt, mich von euch fressen zu lassen. Aber mein Gott soll entscheiden, ich werde wieder zu ihm beten, auch für euch, vor allem, wenn

---

159 Dan 6,18ff.
160 Dan 6,11.

er mich wirklich rettet." In der Grube war es still geworden, kein Löwe knurrte oder brüllte. Der Anführer sagte: „Bis morgen sterben wir nicht vor Hunger. Dann werden wir sehen, was der König in der Früh sagt und wie er entscheidet. Und ob Gott dich rettet. Wenn nicht, sei uns nicht böse, wenn wir dich fressen." Daniel lächelte und sagte: schon gut, so machen wir es. Dann legten sich alle nieder, die Löwen knurrten noch ein wenig und alle schliefen ein. Daniel durfte sogar in der Mähne des großen Löwen kuscheln, weil es kalt geworden war. So verging die Nacht. Der König schlief schlecht, er dachte ständig an Daniel und fragte sich, ob ihn sein Gott vielleicht wirklich retten würde? Er hatte ein sehr schlechtes Gewissen, weil er so feige nachgegeben hatte. Die Bibel erzählt weiter: „Früh am Morgen, als es gerade hell wurde, stand der König auf und ging in Eile zur Löwengrube. Als er sich der Grube näherte, rief er mit schmerzlicher Stimme nach Daniel und fragte: „Daniel, du Diener des lebendigen Gottes! Hat dein Gott, dem du so unablässig dienst, dich vor den Löwen erretten können?" Daniel antwortete ihm: „O König, mögest du ewig leben. Mein Gott hat seinen Engel gesandt und den Rachen der Löwen verschlossen. Sie taten mir nichts zuleide; denn in seinen Augen war ich schuldlos, und auch dir gegenüber, König, bin ich ohne Schuld." Darüber war der König hoch erfreut und befahl, Daniel aus der Grube herauszuholen. So wurde Daniel aus der Grube herausgeholt; man fand an ihm nicht die geringste Verletzung, denn er hatte seinem Gott vertraut. Nun aber ließ der König die Männer herbeiholen, die Daniel verklagt hatten, und ließ sie in die Löwengrube werfen. Sie waren noch nicht am Boden der Grube angelangt, da stürzten sich die Löwen auf sie und zermalmten ihnen alle Knochen. „Darauf schrieb König Darius an alle Völker, Nationen und Sprachen auf der ganzen Erde: Friede sei mit euch in Fülle! Hiermit ordne ich an: Im ganzen Gebiet meines Reiches soll man vor dem Gott Daniels zittern und zu ihm beten. Denn er ist der lebendige Gott; er lebt in Ewigkeit. Sein Reich geht niemals unter; seine Herrschaft hat kein Ende. Er rettet und befreit; er wirkt Zeichen und Wunder am Himmel und auf der Erde; er hat Daniel aus den Tatzen der Löwen errettet." Daniel wusch sich, weil er nach der Nacht bei den Löwen mehr stank als wenn er in einem Kuhstall gewesen wäre. Daniel aber ging es gut unter dem König Darius und auch unter dem Perserkönig Kyrus."

Vielleicht haben die Löwen das auch noch gehört und sich gefreut. Außerdem waren sie ja jetzt satt! Aber Daniel und seinen Gott vergaßen sie nicht, den verehrte sie jetzt selbst auch und brüllten ab und zu seiner Ehre! Ob der König sie freigelassen und aus der Grube geholt hat, weiß man nicht. Es wäre artgerecht gewesen, die Grube war eine Quälerei. Ich wäre dafür gewesen, die Löwen frei zu lassen, zumal sie ja auch Gott gehorchten.

Der Löwe des heiligen Hieronymus

Von diesem Heiligen gibt es die folgende Legende:

Einstmals saß der heilige Hieronymus des Abends mit den Brüdern beisammen, um die Heilige Schrift zu hören; da kam ein Löwe hinkend ins Kloster. Die anderen Brüder flohen, als sie ihn sahen. Hieronymus aber ging ihm entgegen wie einem lieben Gast. Er fürchtete sich nicht. Der Löwe zeigte ihm den wunden Fuß. Da rief Hieronymus die Brüder und gebot ihnen, den Fuß zu waschen und mit Fleiß nach der Wunde zu suchen. Das taten sie und fanden, dass ihn ein Dorn quälte, den er sich eingetreten hatte. Sie zogen den Dorn heraus und pflegten ihn mit Fleiß. Der Löwe wurde gesund und dann so zahm und zutraulich, dass er mit ihnen lebte wie ein Haustier.

Die Geschichte von der armen Maus und der glücklichen Katze

Eine wahre Geschichte:

Durch meine offene Terrassentüre geschah es, dass sich Mäuse, mehr und mehr, in der Wohnung einrichteten und es sich gemütlich machten. Na ja, aber mit der Zeit bemerkten alle Mitbewohner den Dreck, den auch Mäuse hinterlassen. Also begannen wir, sie möglichst freundlich zu verabschieden. Eine erwischte ich selbst, weil ich ihr als eine Art Falle einen Krug hingelegt hatte, in der Hoffnung, dass sie ihn für ein Mauseloch halten würde. Das tat eine der Mäuse auch und versteckte sich im Krug. Hurra, ich habe sie, dachte ich und trug den Krug in den Garten und ließ die Maus auf die Straße hinunterfallen. Das kleine Stück fallen macht, wie ich wusste, einer Maus nichts. Das Fell bremst ihren Fall, und ich sah von oben, wie sie fast schwebte, unten ankam und sofort, bei bester Gesundheit, weglief.

Aber es war noch eine Maus in der Wohnung. Sie hatte sich im Zimmer meiner Haushälterin versteckt. Diese wurde in der Nacht wach und sah im Licht, dass von der Straße durch das Fenster kam, die Maus, wie sie am Vorhang hinauf auf das Fensterbrett turnte, weil dort ein Stück Käse lag. Die Frau nahm eine Taschenlampe, die sie neben dem Bett hatte, und leuchtete die Maus plötzlich an. Diese erschrak, drehte sich um und sprang beim offenen Fenster hinaus. Aber arme Maus, sie hätte besser schauen sollen! Das Hinunterfallen machte ihr zwar auch nichts, genauso wenig wie der anderen Maus, sie wusste aber nicht und sah zu spät: Unten saß eine Katze und das war das Ende der Geschichte. Arme Maus, aber glückliche Katze. Dass Mäuse manchmal auch vom Himmel fallen, hatte sie nicht gewusst und wird sie wahrscheinlich kein zweites Mal erleben. Sie dachte vielleicht: Gott ist wirklich sehr gut und wirkt manchmal auch für Katzen Wunder. Einspruch, nicht nur für Katzen!

Und wenn die Geschichte nicht wahr wäre, hätte ich sie euch nicht erzählt.

Der Stierbändiger

Diese wahre Geschichte hat mir ein Priester erzählt: Er ging mit einer Gruppe von Leuten durch eine Landschaft in den Bergen und führte sie über die Wiesen auch zu einem Wasserfall. Beim Rückweg sah er zu seinem Erschrecken plötzlich einen Stier. Der Bauer, dem die Wiese gehörte, hatte sie anders eingeteilt, nicht mehr nur für Kühe wie bisher. Kühe können auch gefährlich werden, vorallem wenn sie frisch gekalbt haben, aber ein Stier ist eines eigentlich fast immer, nämlich gefährlich, vor allem für ahnungslose Leute, vielleicht Städter, die nicht wissen, wie sie sich bei einer solchen Begegnung richtig benehmen sollten! Nun, der Pfarrer sah sofort, der Stier stand nicht still und Gras fressend auf der Wiese, sondern war unruhig und scharte ungeduldig mit dem Fuß, als ob er angreifen wollte. Sofort warnte der Priester, der früher auch Kuhhirte gewesen war und sich mit Rindern auskannte seine Gruppe und forderte sie mit leiser Stimme auf, zügig weiterzugehen, keinen Lärm zu machen und den Stier nicht durch Laufen zu reizen. Gefährlich war die Lage vor allem durch einen ahnungslosen Mann, der einen Ast aufgehoben hatte und damit den Stier vertreiben wollte. „Sofort fallen lassen“, flüsterte der Priester ihm zu. Und dann stellte er sich selbst vor den Stier und versuchte ihn zu beruhigen. Er hatte, wie gesagt, viel Erfahrung mit Rindern, aber die Lage war auch für ihn gefährlich. Er redete dem Stier sozusagen gut zu: „Du bist doch ein guter Stier und tust nichts Böses ...“ So und ähnlich redete er zu dem Stier minutenlang, der Gott sei Dank nicht losstürmte, bis endlich alle Leute außer Gefahr waren und er selbst sich auch langsam und vorsichtig zurückziehen konnte. „Das waren die längsten Minuten meines Lebens“, gestand mir der Priester, als er mir dieses Erlebnis erzählte. Vielleicht sollte man einfach sagen: Der Schutzengel hat wirklich geholfen, denn kein Mensch allein könnte einen Stier wirklich bändigen.

Das Elefanten-Junge und seine Rettung

Vor Jahren sah ich einen Film, wie ein kleiner Elefant vor den Löwen oder der Gefahr zu verhungern gerettet wurde. Diese schöne Geschichte möchte ich auch euch erzählen:

Wilderer hatten eine Elefantenkuh erschossen. Ihr Junges blieb allein zurück und konnte natürlich nicht verstehen, warum sich seine Mutter nicht mehr rührte, sondern bewegungslos am Boden lag und alles Stupsen („Steh doch auf, ich habe Hunger") nichts mehr nützte. Der kleine Elefant sah auch nicht, dass schon mehrere Löwen immer näherkamen und in ihm eine leichte Beute erhofften.

Große Elefanten sind in Sicherheit, die Löwen können sie nicht erbeuten, aber einen so kleinen Elefanten hätten sie mit Sicherheit fressen können. Zum Glück waren zwei Wildhüter mit einem Hubschrauber unterwegs und sahen von oben, was geschah und in welcher Gefahr sich der Kleine befand. Sie handelten sofort. Zuerst verscheuchten sie die Löwen, indem sie auf sie hinunterflogen, und der Lärm erschreckte die großen Katzen und sie flohen. Aber was weiter? Die Piloten flogen wieder nach oben und hielten Ausschau. Da entdeckten sie in einiger Entfernung eine Elefantenherde. Sofort flogen sie zurück zu dem kleinen, verwaisten Elefanten und wie sie die Löwen vertrieben hatten, so trieben sie jetzt den Kleinen mit ihrem Hubschrauber in die Richtung der Elefantenherde. Als er schon ganz nahe war, blieben beide stehen, der Kleine und die Großen, und schauten einander unsicher an. Dann aber löste sich eine große Elefantenkuh aus der Herde, ging auf den Neuankömmling zu, tastete ihn mit ihrem Rüssel ab und schnupperte an ihm. Ob er wohl zu ihrer Herde passte? Offenbar war sie zufrieden. Sie lenkte den Kleinen zu den anderen Elefanten und dann ließ sie ihn trinken wie ihre eigenen Jungen.

Der kleine Elefant war jetzt in Sicherheit, die Löwen konnten ihn nicht mehr erreichen und er musste auch nicht verhungern, er hatte eine neue Elefantenmama bekommen! Die Hubschrauber-Piloten waren zufrieden und freuten sich. Ob sie vielleicht die Wilderer noch erwischten, zeigte der Film leider nicht mehr. Man kann es nur wünschen!

Der Hund und Gott

Es ist noch nicht lange her, da übernachtete ich bei Freunden. Als ich vor dem ins Bett Gehen, noch ins Bad huschte, kreuzte der Hund des Hauses meine Schritte und verschwand in meinem Zimmer. Als ich ins Zimmer zurückkam, war der Hund weg, ich legte mich ins Bett und schlief ein. Spät in der Nacht wurde ich wach und bevor ich wieder einschlief, glaubte ich, jemanden atmen zu hören. Ich dachte, ich müsse mich geirrt haben, und schloss wieder meine Augen, um weiterzuschlafen. Aber dann wurde ich wieder wach, lauschte und meinte wiederum, jemanden in meinem Zimmer atmen zu hören. Ich knipste das Licht an und schaute um mich. Niemand zu sehen, auch nicht hinter dem Vorhang. Wieder versuchte ich weiter zu schlafen, aber der geheimnisvolle Atem, ruhig und gleichmäßig, war immer noch zu hören. Da fiel mir endlich der Hund ein. Vielleicht er? Aber wo könnte er sein? Unter dem Bett? Ich stand auf, bückte mich und tatsächlich, ich sah unter meinem Bett etwas Schwarzes. Wenn es der Hund war, wollte ich ihn ertasten, aber nicht schrecken durch eine plötzliche Berührung mit meiner Hand. So gutmütig er war, in diesem Fall, so überrascht, könnte er schnappen. Um dennoch Sicherheit zu erlangen, tastete ich mit der Hand ganz vorsichtig und berührte tatsächlich etwas Haariges. Es war also doch der Hund. Beruhigt legte ich mich wieder ins Bett und schlief bis zur Früh ruhig weiter.

Aber ich dachte auch noch ein wenig nach bezüglich meiner Predigt, die ich halten sollte, und da kam mir der Gedanke: Der Hund, der ohne mein Wissen in meinem Zimmer schlief, hätte, wäre ein Fremder hereingekommen, gebellt und mich auf diese Weise gewarnt und vielleicht richtig geschützt. Seinen Atem hatte ich zuerst nicht deuten können, aber der Hund war da und bewachte mich. Meine Gedanken gingen weiter: Ist es nicht so ähnlich auch mit Gott? Er ist immer bei mir, ich könnte ihn auch erkennen, aber tue es lange Zeit nicht, weil ich schlafe, Ihn nicht wirklich suche und Seinem „Atem" nicht nachgehe, den ich eigentlich hören könnte! Also, sagte ich dann den Menschen in der Predigt: „Achtet, ob Ihr nicht den „Atem Gottes in Eurer Nähe" hört. Er ist dort, wo ihr ihn nicht vermutet. Ihr seid durch Seine Gegenwart in Sicherheit!". Darf man Gott mit einem Hund unter dem Bett vergleichen? Ja, weil die Bibel Gott auch mit Tieren vergleicht, z. B. mit einem Adler, der seine Jungen aus der Gefahr hinausträgt, und einem Bären der seine Jungen gegen jemand, der sie ihm nehmen will, verteidigt. Vor allem auch mit einem Löwen[161]: „Unter den Nationen, inmitten vieler Völker, ist dann der Rest Jakobs wie der Löwe unter den Tieren im Wald, wie der junge Löwe unter den Schafen im Pferch: Wenn er einbricht, schlägt er zu und zerreißt sie, und niemand ist da, der sie rettet."[162]

Warum sollte man dann Gott also nicht auch mit einem Hund vergleichen dürfen, der unerkannt bei uns, unter dem Bett liegt?

---

161 Spr 30,30-31.
162 Mich 5,7.

Tiere über Gott? Ein Märchen, das die Wahrheit spricht

„Gott ist Liebe!“ 2005 hatte Papst Benedikt dies vor allem den Katholiken, aber auch allen anderen Christen, Juden, Anhängern anderer Religionen, im Grunde der ganzen Welt zugerufen: Kurze Zeit später kommt jetzt mein Märchen:

Der katholische Papst lud die Vertreter der anderen Religionen zu einer Art Konzil ein. Der Papst wolle, so stand es in dem Einladungs-Schreiben, mit ihnen über Gott, über nichts Anderes als über Gott sprechen! Alle Urwaldbewohner, Hindus, Buddhisten, Muslime und natürlich Juden und Christen, und viele andere kamen. Da geschah etwas ganz Unerwartetes:

Ein Elefant trat an das Pult. Er trompetete, winkte mit dem Rüssel, damit alle schweigen sollten, und begann:

Fürchtet euch nicht, ich bin mit Erlaubnis des Papstes gekommen und selbst überrascht, dass auch ich im Namen aller Tiere etwas sagen darf. Ich rede für alle, Große und Kleine, für Bienen, Löwen und Walfische. Ihr wisst natürlich alle, dass wir Tiere nicht so denken können wie ihr. Aber ich nütze die Gelegenheit euch zu bitten: Hört auf damit, manche Tiere als „schmutzig“ zu bezeichnen und andere für heilig zu halten. Und hört auf damit, manche Tiere zu eurem Spaß zu töten und andere zu quälen in Transporten oder Labors.

Nun aber zur Frage des Papstes nach Gott: Einer von euch, der viel nach Gott fragte, nämlich Augustinus, hat auch uns Tiere nach Gott gefragt und unsere Antwort war immer: „Er hat uns erschaffen, aber wir sind nicht Gott.“ Weil wir Seine Geschöpfe sind und nicht „zufällig“ entstanden sind, wie Richard Dawkins behauptet, sind wir sicher, dass er auch uns liebt, nicht nur euch.

Auch solltet ihr aufhören zu glauben, dass ihr ein Tier „machen“ könnt, wie das „goldene Kalb“. Wir sind Geschöpfe Gottes, Er hat uns gut genannt. Darum hat Augustinus nachgefragt: „Könnt ihr Tiere nicht auch etwas über Gott sagen?“ „Ja“, sagen wir, „anders als ihr, aber doch etwas. Euch hat Gott zehn Gebote gegeben, die ihr, das wissen wir und spüren es oft am eigenen Leib, oft nicht einhaltet. Bei uns Tieren hat Gott es anders gemacht: Er hat uns erschaffen und uns dabei ein Gesetz eingepflanzt, dem wir einfach gehorchen. Wir können gar nicht dagegen sündigen, wir tun einfach, was Gott in uns hineingelegt hat. Darum ist es Unsinn, wenn ihr Menschen manchmal von „bösen“ Tieren sprecht, vom bösen Wolf oder einem bösen Hund. Wir verstehen das Naturgesetz, das Gott in uns hinein erschaffen hat, nicht und ihr versteht es eigentlich auch nicht wirklich, obwohl ihr euch viel Mühe gebt. Aber ihr solltet staunen, über Gottes Weisheit in uns Tieren.

Der schon genannte Augustinus hat uns weitergefragt, wie wir Tiere von Gott reden[163], und wir haben geantwortet: durch Gottes Weisheit in uns und unsere Schönheit! Wir hoffen, dass Gott am Ende in der neuen Welt, die er machen will, auch für uns einen Plan haben wird. Vor allem Paulus hat uns Hoffnung gegeben.

Das ist alles, was wir Tiere zu eurer Versammlung beitragen können. Danke, dass wir dabei sein durften und danke, dass ihr mir zugehört habt!

Nach dem Elefanten traten die Vertreter der verschiedenen Religionen auf und sprachen darüber, wie sie sich Gott vorstellen oder auch ihre Götter. Der Buddhist dankte, dass er auch eingeladen worden war, obwohl die Buddhisten überhaupt nicht an Gott glauben.

Weil Juden und Christen zusammengehören wie ein Baum mit seiner Wurzel, traten zuletzt ein Rabbi und dann auch noch er Papst auf.

Rabbi Josef trat ans Rednerpult: „Wir Juden“, begann er, „haben eine Geschichte mit Gott. Gott selbst trat aus seiner Verborgenheit heraus und schloss einen Bund mit uns., verknüpft mit einigen Versprechungen. Daran erinnern sollte uns der Regenbogen.“ Der Rabbi lächelte: „In dem Bund nannte Gott auch die Tiere. Unsere Propheten haben uns einen geheimnisvollen Messias angekündigt, den Gott senden wird, einen, der uns erlösen wird. Seit Jahrhunderten warten wir Juden schon auf ihn, aber bis zum heutigen Tag ist er nicht gekommen. In all dieser Zeit des Wartens haben wir viel mitgemacht, oft waren wir verzweifelt und haben uns gefragt, wo Gott bleibt, ob seine Verheißungen denn nicht mehr gelten?“

Als dann der Papst. zum Rednerpult schritt, wurde es ganz still, tiefer Friede und Erwartung erfüllten den Raum.

---

163 Augustinus, Confessiones X, 6,9.

„Mein lieber Bruder Rabbi Josef hat mir aus dem Herzen gesprochen. Seine Geschichte ist auch unsere Geschichte, aber wir Christen glauben, dass dieser Messias schon gekommen ist. Er war nach unserem Glauben – bitte, liebe Freunde, glaubt nicht, wir Christen seien verrückt geworden! – Gottes Sohn, wahrer Gott und wahrer Mensch. Gott selbst ist Mensch geworden. Das heißt: Gott hat nicht nur einen Bund mit uns Menschen geschlossen, wie mein Freund Rabbi Josef schon erzählt hat. Er hat unter uns gewohnt und für uns gelitten. Warum tat er das? Weil er uns liebt. Die Geschichte Gottes mit uns Menschen ist nach unserem Glauben eine Liebegeschichte zwischen Gott und den Menschen und irgendwie auch allen seinen Geschöpfen, auch mit euch Tieren.

Ich muss noch ein Detail einfügen, Kein Mensch hätte sich träumen lassen, dass Gott selbst in die Welt kommen wird, und wenn, dann doch sicher nicht als Kind! Also, lassen sie mich zum Schluss noch sagen: So denken wir Christen über Gott und die Botschaft von diesem Gott, der die Liebe ist, wollen wir zu den anderen Menschen bringen. Der Papst schwieg einen Augenblick. Auf den großen Bildschirmen konnte man sehen, wie tief bewegt er war. Er fuhr fort: Das Ende unserer Liebesgeschichte mit Gott wird kein Ende sein, sondern ein Anfang für die Ewigkeit. Glück der Liebe, Glück des Geliebt-Werdens, Leben in Fülle und ohne Ende. Und wir bleiben bei Gott in unserer endgültigen Heimat. Wenn mich jemand fragt, wer und wie Gott ist, sage ich nur: Liebe! Und ich füge hinzu: zu allen Menschen, zu allen Gläubigen aller Religionen, zu all seinen Geschöpfen, also auch zu euch Seinen Tieren.

Da hörte man, dass jemand in der Versammlung weinte. Der Papst unterbrach und sagte: Habe ich jemanden unbewusst beleidigt? Der, der weint, soll zu mir kommen, damit ich weiß, warum er weint und ich mich, wenn es passiert ist, entschuldigen kann. Der Mann kam und sagte: Nein, Heiliger Vater, Sie haben mich nicht beleidigt, niemanden von uns. Ich habe nur gedacht: Wie schön wäre es, wenn ihr Christen und Juden recht hättet und Gott wirklich nur Liebe ist! Liebe für uns alle und wohl auch ein wenig für die Tiere. Wir sollten darüber noch weiterreden. Hoffentlich ist das wirklich wahr! Da rief ein junger Mann aus der Menge: Das wäre, sagen meine Kinder, wirklich voll super! Die Leute lachten und jubelten. Ein Fest begann, das lange in die tiefe Nacht hinein dauerte.

Legenden

So wie es bei allen Völkern Märchen gibt, so gibt es auch bei den Christen Geschichten, die man Legenden nennt. Es sind Geschichten, die irgendwie mit der Religion zusammenhängen und manchmal auch mit Tieren. Geschichten, die einen wahren Kern haben: das heißt, sie sind nicht bewiesen, nicht wörtlich wahr, aber ein Körnchen daran ist wahr, sie sind nicht ganz falsch.

Solche Legenden gibt es in der Kirche von heiligen Menschen, von Orten, an denen ein Kloster entstanden ist, oder auch von Ereignissen.

Wenn ich Kindern Legenden erzähle, mache ich immer ein Spiel indem ich frage: „Was ist wahr und was nur erfunden?“ Meine Erfahrung sagt: Kinder wissen bei diesem Spiel immer die richtige Antwort!

Zum Beispiel die Geschichte vom Bär des heiligen Romedius, der das Pferd des Heiligen gefressen hatte und ihn zur Buße wie ein Pferd zum Bischof tragen musste.

Es gibt auch eine Legende von einem „Tierkloster“: Bei dem heiligen Kyaran in Irland wohnten viele Tiere in seinem Kloster und benahmen sich so, als wären sie selbst auch Mönche.

Von einem anderen Heiligen erzählt man: Kurz vor seinem Tod saß er an einem Brunnen. Da kam sein Pferd, lehnte den Kopf an ihn und weinte. Spürte es den Abschied, fragten die Leute?

Nach der Legende soll der heilige Blasius sich wegen der Christenverfolgung in einer Höhle versteckt haben, wo er von Löwen, Tigern und Bären bewacht wurde. Vögel brachten ihm Nahrung, er segnete Tiere und heilte ihre Verletzungen. Die Jäger fanden kein Wild mehr, da sich alle Tiere zu Blasius geflüchtet hatten.

Den heiligen Antonius, bewog der Legende zufolge ein Traum, den 110 Jahre alten Einsiedler Paulus von Theben aufzusuchen. Ein Wolf führte ihn durch die Wüste zu ihm, dem ein Rabe an diesem Tag zwei Brote statt wie gewohnt nur eines brachte. Als der Einsiedler starb, fand man ihn in betender Haltung und bestattete ihn mit Hilfe zweier Löwen, die das Grab scharrten. Als seine Jünger ihn begruben, seien Engel um ihn stehend gesehen worden.

Erasmus war der Legende zufolge Bischof von Antiochia. Während einer Christenverfolgung versteckte er sich sieben Jahre lang Gebirge, wo ihm ein Rabe immer Essen brachte.

Ambrosius von Mailand: Bienen ließen sich als er noch ein Säugling war, auf ihm nieder ohne ihn zu verletzen und träufelten Honig in seinen Mund. Man sagte, sie hätten ihm damit die honigsüße Sprache seiner Schriften und seiner Hymnen, gebracht. Ambrosius ist der Patron der Imker.

Der heilige Aventin lebte auf einer Insel. Einmal kam ein Bär, alle fürchteten sich, aber der Heilige ließ ihn ins Haus und entdeckte, dass ein Splitter in der Pfote des Tieres steckte. Er zog ihn heraus und heilte die Wunde. Der Bär zog wieder in die Wildnis.

Bei demselben Heiligen wohnte auch eine Schlange die Junge hatte, die der Heilige, der alle Tiere liebte, fütterte.

Oft gibt es Geschichten von Heiligen, die einen Hirsch vor Wölfen oder Jagdhunden retteten. Aber auch umgekehrt: Ein Wolf hatte ein Reh erbeutet. Einige Mönche des nahen Klosters nahmen es ihm weg. Aber ihr Abt verlangte, es dem Wolf zurückzugeben, weil es doch ihm gehöre.

Vom heiligen Nikolaus gibt es viele Legenden, bei denen es nicht leicht ist, die Wahrheit und die Erfindung zu unterscheiden. z. B.: Der heilige Nikolaus kam mit in einem weißen Gewand auf die Erde und traf einen Mann, der mit seinem Wagen im Schlamm stecken geblieben war. Der heilige Nikolaus blieb stehen und begann zu helfen. Am Ende war er ganz schmutzig. Aber als er zum Himmel zurückkam und getadelt wurde, lachte er nur und sagte: Ich habe doch nur gemacht, was Jesus wollte. Da schämten sich seine Kritiker.

Meine lieben Leser, es gibt sicher noch vieles von Gott und seinen Tieren zu erzählen. Fachleute und Zoologen wissen viel mehr als ich. Für euch habe ich es geschrieben, damit ihr die Tiere lieben lernt, wenn ihr sie nicht ohnehin schon liebt und bewundert und über die Weisheit Gottes in ihnen staunt.